U0079625

前言

既然世上沒有絕對的公平，你該……

在人與人的相處中，「吃虧」是最常發生、最不可避免、與我們最息息相關的主題之一。所以，在大眾心理學中，一定不能少了討論「吃虧」的書。

在人際交往過程中，經常涉及利益問題。有利益便有虧損，免不了其中一方吃虧，另一方佔便宜。我們都知道，絕對的公平是不可能存在的，每個人立場不同，對公平的理解自然就不同，只能透過彼此妥協，獲得相對的公平。

舉例來說，兩人做生意，一人投資，另一人負責開拓市場。幾個月後，計畫失敗了，不但沒盈利，還倒賠了很多錢。這時，開拓市場的一方認為是資金不足導致的；但投資方肯定指責對方沒有適度地使用資金，兩人都不願承擔賠錢的後果，或者覺得自己負擔的賠款過多。總之，當雙方都感覺自己吃虧，糾紛就這樣產生了。

為了求得公平，使雙方關係保持穩定，人與人之間的某些交往（尤其是商業往來）會制約於合約。但是簽了合約就一定公平嗎？雙方就一定會滿意嗎？

我們以近年娛樂圈藝人與經紀公司解約的情況來說，一開始簽訂合約時雙方都覺得公平，但隨著演藝活動的增加、藝人知名度提高，藝人對原本簽訂的分成，或者行程安排有意見，公司卻不願意修改合約，只好尋求法律途徑要求解約。可見，合約不是萬能的，總有人會覺得自己吃虧，於是產生糾紛，甚至鬧得兩敗俱傷。

這裡有一點值得我們深入探討：**有利於維持長久關係的合約，勢必有某一方必須吃虧。**

例如香港首富李嘉誠曾簽訂一份長久合約，合約內容是：他投資總額的六成，但只拿四成股份，這就是實質利益上的吃虧。但是，非物質部分就不會吃虧嗎？當然不是！例如大家熟悉的面子問題，試問有人當眾羞辱你，你是否會覺得吃虧？相信大多數人都會「以牙還牙，以眼還眼」地報復回去。

在感情方面，也經常涉及吃虧或佔便宜的問題。例如談戀愛的年輕人吵架分手，經常會聽到一方說：「我為他付出了那麼多！可是他為我做過什麼？」可見，每個人在情感上都希望對等，倘若不對等，其中一方就會有吃虧的感覺。即使是結婚幾十年的夫婦也一樣，要想維持長久的感情，只能互相妥協，也就是一定程度上接受吃虧。

我們無法避免與人接觸，因此絕對無法迴避吃虧問題。每個人對於什麼是公平、怎樣算吃虧，都有不同的理解。而需要思考的是，我們的理解是否準確？是否應該反思自己？為了更好地處理人際關係，應該如何調整自己的尺度？遇到不公平的事時，是否真的不能吃虧？吃虧真的是最壞的選擇嗎？

本書將告訴你，吃虧是一門精深的藝術！掌握這門學問，就能開啟人際交往成功的大門。期望能夠使讀完這本書的你，在人際交往上更具智慧，掃除成功路上的障礙，讓你「喜愛吃虧、樂於吃虧」。

忍耐是為了成就更大的目標！

Loading...

10%

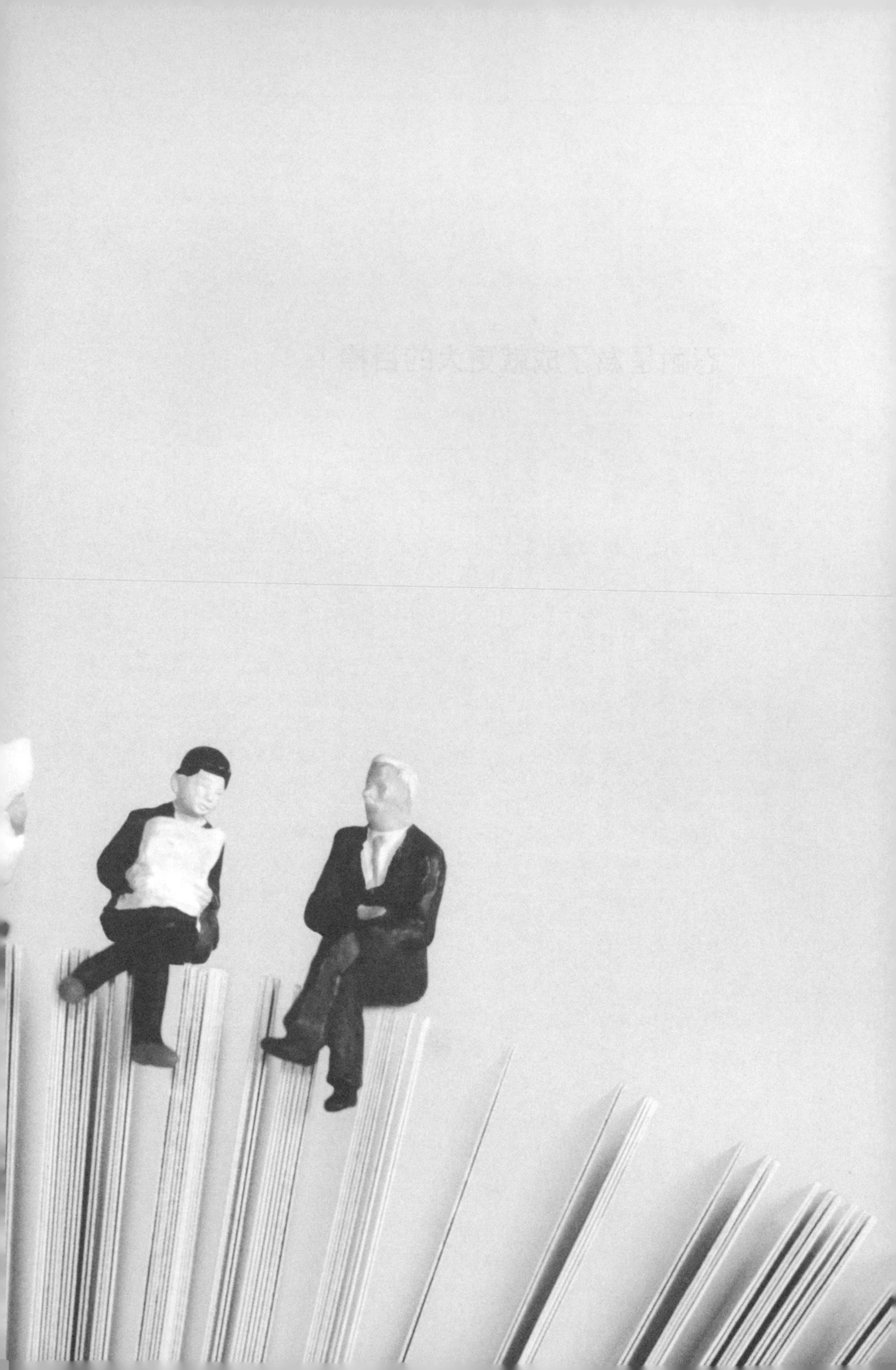

Chapter 1

江湖在走，心態我有！

Section 01

「太委屈」？陶晶瑩唱得沒錯！

世上有九九．九九%的人，都天天在唱太委屈這首歌

說到「吃虧」這件事，大家肯定不陌生。若是訪問身邊的人有沒有吃過虧，九九．九九%的人肯定會回答：「有。」那到底什麼是吃虧？我們該如何定義它？它對於我們的生活又有什麼影響呢？

吃虧在漢語辭典裡的解釋是：受到損失、傷害，或在某方面條件不利，所以可以肯定絕對不是件好事。但我們也經常聽到別人說：「吃虧

是福」，怎麼可能既損失又有福氣呢？這兩種矛盾的解釋，更讓人一頭霧水。可見，只就字面解釋顯然不能滿足我們，讓我們深入探討。

吃虧一詞，自古就有。在元曲雜劇《桃花女》中提到：「原來這姐姐口強心不強，只是我做媒的吃虧。」而民間有關吃虧的諺語及歇後語也不少，例如：「不聽老人言，吃虧在眼前」、「好漢不吃眼前虧」，還有「做人就要安分守己，若毋吃虧是家己」等等，可見吃虧是件相當常見的事。

那為什麼我們無法避免吃虧呢？這是由於在社會中，我們無法以個體為單位生存，所有人都必須依附群體，而人際交往間，只要無法公平，或者說不能讓雙方感到公平時，就免不了糾紛，原因可能是金錢、面子問題等等。解決辦法就只有其中一方做出讓步，一旦讓步，必定伴隨著利益受損，勢必就得吃虧。

沒人願意讓自己的利益受損，那麼，又要怎麼解釋吃虧是福呢？

吃虧讓人不悅，但除非不和別人接觸，否則躲也躲不過，而且吃虧通常伴隨著——佔便宜。想吃虧的人很少，想佔便宜的人卻很多，所以吃虧與佔便宜，就成了人際交往中的重要主題。

既然人際關係中避免不了吃虧，有些聰明的人就學會換個角度看它。吃虧吃得好，可以換到更好的回報，甚至還能當計謀使用，吃虧吃出智慧，自然就變成了福氣。

後文將列舉許多歷史名人實例，讓你看看有多少人因「聰明吃虧」而得福。會吃虧的人換得平安、人心；不會吃虧的人，即使忠烈也會遭人陷害。看完就會明白，不是吃虧是福，而是「會吃虧、吃對虧」才是福。

你可能會問，那要怎樣才能學會正確吃虧呢？遇上被迫吃虧的時候，又該如何破解？後續本書將教給你所有攻略。

委屈、被欺侮，其實沒有你想像的嚴重

生活中隨處可見吃虧與佔便宜，例如鄰居總是徹夜打麻將，害你睡不好；搭火車時，座位經常被別人佔用；同事總是要你幫忙做些他分內的事……等等。只是想當個好人，卻因不斷吃虧而不得不變成壞人，根本無法活得輕鬆快樂。其實，只要學會正確吃虧，就沒有想像中的痛苦。

吃了虧，要怎麼辦？

首先要釐清的是，你真的吃虧了嗎？吃虧是一種感覺，會讓你心

懷不滿，但福禍相依，回報通常在付出之後，吃小虧佔大便宜的事也不少，所以當務之急，是冷靜分析自己是否真的吃虧，而不是衝動行事。

若真的覺得吃了虧，該怎麼辦？

一般人一旦吃虧就想討回來，你踢我一腳，我也要踹你一下才公平。但是人際交流不是簡單的一對一等值交換關係，行為背後往往包含了許多情感。有時他人無心，執意計較反而傷了感情、失了氣度，所以還得思考值不值得討回來，若是芝麻小事無傷大雅，不妨一笑而過。

如果他人有意傷害你，就更該靜下心分析自己吃了什麼虧、為什麼吃虧、如何化解、了解對方的目的，或者是反思自我，此時若著急為自己討回公道，反而得不償失。

總之，吃虧後切莫衝動著急，應壓制怒火、換位思考讓自己平靜下來，從而找出最適當的解決方案。本書從心理調節的角度出發，結合實例，看完本書，吃虧將不再成為困擾，或許會讓你「愛上」吃虧。

請相信，適當的忍耐並不是懦弱，而是……

吃虧後，最好的調節方式就是「忍耐」。對抗突如其來的憤怒，學習抑制自己的衝動和怒火，才能重新找回理智。在忍耐中漸漸平靜，下一步才是分析，如此可以減少衝動、幼稚的行為。學會忍耐就能忍受侮辱，幫助自己以成熟的心態面對困難。

而「寬容」是解藥。原諒別人，就等於放過自己。做一個心胸豁達之人，才不會對別人的傷害斤斤計較，也不會對損失的利益念念不忘。有時糊塗可以讓自己更快樂，天天活在計較中的人不會感到幸福。

沒有人會無故傷害別人，對方可能正在傷心、難過，需要幫助，此時若是你願意放下之前的仇恨來幫助他，他一定會反過來感激你，這種善意的流動，比起報復更讓人快樂。

吃虧並非都是壞事，前文也提過福禍相依，有時候吃眼前虧是為了長遠的利益。了解這點的人，必定有過人的眼光，能將眼光放遠，那麼吃虧時的委屈和無奈，就不算什麼了。

吃虧是福，最能體現的就是，能建立更好的人際關係。大家的眼睛是雪亮的，你吃虧別人看在眼裡，日子久了覺得你厚道老實，會對你另眼相看，願意與你交朋友的人也會越來越多。人人都懂得報恩，所以不計回報地為他人做點事，對方也會心存感激，將心比心，幫助別人就是幫助自己。

關於吃虧，有兩個禁忌：一是**絕對不能貪心**。不是你的你想搶，不該你得的你想得，總有天害人害己；二是**絕不能害別人丟了面子**，否則人情債會相當難賠。

聰明人懂得利用吃虧獲得好處，這就是福氣。利用主動吃虧收買人心、化解僵局，甚至制訂「吃虧計畫」，有計畫、有目標地吃虧。

當然，也不是什麼虧都能吃，若對方觸及原則、底線，例如晏子使楚，楚王要他鑽狗洞，若是晏子真的鑽過，那就等於整個齊國跟著受辱，這種虧就萬萬吃不得。

面對吃虧，需有過人的修養，能忍能讓；需要有足夠的智慧，分清輕重緩急，才能將眼光放長遠、把持大局。

小道理大智慧

愚蠢庸俗、斤斤計較、貪圖私利的人總是看到自以為吃虧的事情。

——革命理論家　馬克思（Karl Marx）

Section 02

要想幹大事，你得……

1. 眼光放遠，當下的損失不算什麼

多數人認為受到侮辱就要反抗，忍耐讓人不悅。其實忍讓不見得就是吃虧，宋代詩人蘇洵說：「一忍可以支百勇，一靜可以制百動。」當我們面對侮辱時，不妨以忍耐取代衝動行事。

試想，若是有人要你從他的胯下鑽過，我們絕對無法接受，但韓信卻因為能忍受這種羞辱，而被視為忍讓的典範。

韓信早年窮困潦倒，他隨身帶著一把劍，提醒自己不要忘了遠大的志向。有天，有個小混混看見他就說：「你帶著劍，應該是個習武之人，與我較量一番。若是能殺了我，我便不與你計較；若殺不了我，就得從我的胯下鑽過去。」大家都在一旁看好戲，想看韓信作何反應。只見韓信沉默一會兒，便從這位不知名的混混胯下爬了過去。

面對毫無道理的挑釁及侮辱，韓信選擇忍讓。因為他知道，即使當場殺了小混混，也無法使自己聲名遠播，作為一個胸有大志、眼光遠大之人，當然不會在意這種小事。

韓信是歷史上最有名的武將之一，他在漢高祖劉邦統一天下的霸業中立下汗馬功勞。一提到他，人們最先想到的就是他能受胯下之辱，接著才想到他的成就。一是因為韓信忍辱負重的氣度，很少人能做到；二是這種難能可貴的氣量，正是他能成就大事業的關鍵因素。以忍耐戰勝敵人，遠比毫無理由的發洩更加值得贊許，不懂得忍一時之辱的人難以成就大事。

歷史上最經典的紀傳體通史──《史記》，有著極高的歷史意義和文學價值，這部名著正是司馬遷在受到極為殘酷的宮刑後寫成的。

當時，漢武帝派將軍李廣利與他的孫子李陵一同討伐匈奴，途中軍隊慘遭匈奴圍攻，李陵投降。消息傳到朝中，滿朝文武紛紛指責李陵，唯有司馬遷為李陵辯護，漢武帝一怒之下，便將司馬遷關進了監獄。

不久，有傳聞指李陵反叛，漢武帝立刻誅殺李陵全家，連帶判處司馬遷死刑。當時想免除死刑只有兩種選擇：付鉅額罰款或接受宮刑。司馬遷為官清廉，財產不夠支付罰款，且漢武帝正在氣頭上，沒人敢借錢給他，無奈之下，他只能選擇宮刑。

換作常人乾脆一了百了，但他正是因為了解自己有重大的使命，所以即使受到此種侮辱，也要苟活完成這部流傳千古的經典，這就是真正的「忍辱負重」。

唐代張公義在家訓《百忍歌》中寫道：「仁者忍人所難忍，智者忍人所不忍。思前想後忍之方，裝聾作啞忍之准。忍字可以走天下，忍字可以結近鄰。忍得淡泊可養神，忍得饑寒可立品。忍得勤苦有餘積，忍得荒淫無疾病。」一字一句都告訴我們忍耐的重要性。

2.「BJ4」才是對的？

生活中接觸各式各樣的人與事，免不了被誤解，甚至誹謗，這會讓我們感到委屈，進而導致焦慮、憤怒。通常我們會想據理力爭，證明自己的清白，但是著急、爭辯往往是最無用的，可能還會讓事情變得更糟。

一九六〇年代，美國某州的州長選舉中，有位聲望極高的候選人，他曾經擔任該州州立大學校長，既博學多聞又擅於處理難題。如此優秀的條件讓他獲得眾多支持者，同時也招來不少敵人。漸漸地，開始有人散布謠言，直指他三年前曾和有夫之婦曖昧，意圖讓他敗選。

他對這個莫須有的罪名感到十分憤怒，因此往後每次的辯論會上，他都為了證明清白不斷解釋。原本小小的流言，卻因為他激烈的反應，而有越來越多的人相信確有其事，事情越滾越大。一個月後，演變成幾乎全州選民都知道這樁「醜聞」。

因此，他的支持率大幅下降，最後不僅在競選中失敗，妻子也因為疑心與他離婚。雖然流言是假的，但一般人會認為，有做虧心事才會急著辯解，他的舉動反而成為自己最大的阻礙。

接下來的故事，也是因為急著辯解而害了自己。

有位祕書在下班後被老闆叫回公司無端責罵。她事後才知道，老闆因為被人鎖在門外，非常不悅，所以不分青紅皂白就認定是她做的，除了責備之外，還寫了一封譴責信給她，並發送給其他同事，故意想要讓她難堪。

她覺得受了很大的委屈，想要證明清白，便回了一封信給老闆。除了在信中說明事情的前因後果外，也嚴正指出老闆的錯誤，並學老闆將這封信寄給所有的同事。最後，這封信甚至在同業裡大肆流傳。

這樣激烈的爭辯行為，不僅沒有讓她得到該有的公平，還害她被炒魷魚，且同業中再也沒有老闆敢僱用她，只好被迫轉行。

的確，很多時候受到委屈和誣賴無法辯解，這就是吃虧。吃虧後不爭辯，並非就是甘願被冤枉，而是學會忍耐、控制自己的情緒後，才能等待更合適的時機或方法解決問題。

我們再舉一個唐代官員李泌的例子，證明忍耐比辯解更有用。

李泌為官正直，從不結黨營私，因此不願意歸附勢力龐大的官員元載，元載因此想將他趕出朝廷。當時正好江西需要人手，元載就對宰相祕報李泌不忠，若留他在朝廷會造成威脅，宰相信以為真，便派李泌到江西，趁此機會觀察他是否真有二心。

李泌明白此事一定是元載從中挑撥，自己才會突然被派往江西，但他沒有申辯，而是乖乖服從調遣，並且一心努力做事，不到幾年就官復原職了。

其實這不是他第一次經歷這種事。在此之前，權相李林甫與楊國忠都曾多次陷害他，他都採取避而不爭的態度，潛遁名山。

他的不怒不爭，讓他成就非凡。為官多年，他曾侍奉過唐玄宗，當過唐肅宗的老師，也曾任唐代宗的行軍司馬，後來又成為唐德宗的宰相，輔佐過四朝天子，可謂功成名就。

他一生坎坷，多次遭受陷害，忍耐為他避免了很多的災禍，讓他每次遭貶都能官復原職，並且受到皇上的重用，這在歷史上非常難得。

李泌並非軟弱，而是懂得什麼樣的做法最有利，爭辯只會留下更多把柄，應該先退讓求全，再尋出路。

3. 吃虧還可以省錢、省時間？！

生活中難免發生摩擦，當我們選擇忍讓，一定會以吃虧為前提。雖然沒有人喜歡吃虧，但有時候不得不如此。懂得用吃虧化解矛盾、避免麻煩的人，遠比不肯吃虧，而導致是非纏身的人要聰明得多。

有對父子就是出了名的不吃虧，他們與鄰居相處時，連一塊錢也要計較，從來不向別人低頭。

有天，這對父子家裡來了遠親，父親叫兒子去集市上買東西招待客人。但是兒子去了很久都沒回來，父親等不及，便到集市上去找他。

父親剛走到城門前，就看見兒子和一個人面對面站著，地上掉了一堆東西，周圍還有一大堆看熱鬧的人。他不解地詢問兒子怎麼回事，兒子氣沖沖地說出事情的經過。

原來這人聽說父子倆是出了名的不吃虧，就故意上前撞倒兒子，害他買的東西撒了一地。兒子從地上爬起後，要求他道歉，並把東西撿起來，結果這人又挑釁道：「你不是不吃虧嗎？我今天就不道歉，看你能拿我怎麼辦。」兩人僵持了整整兩小時，誰也不肯先低頭。

父親聽完兒子的解釋，立刻拍拍兒子的肩頭說：「不愧是我兒子，做得好。你先回去陪著客人，我來替你爭一口氣，看誰撐得久。」於是，換父親站在那裡，與那人大眼瞪小眼的對峙著。

讀者肯定會嘲笑這對父子不知退讓。其實向別人低頭，吃個虧也無妨。主動低頭，人家反倒覺得自討沒趣，事情也就解決了；執意分個高下，正好中了挑釁之人的圈套。晾著家裡的客人與陌生人對峙，實在得不償失。

看完這個例子，讓我們反思自己。當局者迷，旁觀者清，換作自己吃了虧，就會忘記要以容忍來避免是非。所以，要練習忍讓，在歷練中讓自己的人格不斷成熟，就可以越來越平靜地面對吃虧。

另外要記得，素不相識的人冒犯你，一定是別有用心的，要時時避免種下災禍的種子。

明朝時，蘇州有家很大的當鋪，老闆是出名的老實人尤老翁。他總是以高價買下典當品，遇上非常困難的人，還借給他們銀子，就是靠著這樣的「吃虧經營法」，讓他的店在短短兩年內成為蘇州最大的當鋪。

某天早上，尤老翁在後房查帳，聽見夥計與城裡的賭徒趙老頭正在爭吵。尤老翁感到不解，自己平日與趙老頭沒有往來，且趙老頭從未到當鋪典當東西，便趕緊上前詢問事情緣由。

只見夥計委屈地說：「趙老頭從未來過店裡，卻跑來說他之前在這裡典當了衣服，我記著您總說和氣生財，就拿了兩件給他，沒想到他又不給錢，您說，這不是找碴嗎？」

尤老翁先讓夥計向趙老頭道了歉，並找了幾件自己的衣服給他，說：「老人家，要過年了，您也要幾件體面衣服穿，這是我的衣服，要是您不嫌棄就先穿著，這件罩袍可以禦寒，這幾件棉服冬天也能用得到。等等一查到帳就給您把衣服送去，沒查到再賠您銀子，這樣好嗎？」趙老頭拿起衣服，連句謝謝也沒說就匆匆走掉。尤老翁也不介意，微笑送走了他。

下午，尤老翁就接到趙老頭死在另一家當鋪的消息。那家當鋪的夥計與趙老頭發生爭執後，趙老頭倒地不起。經官府查驗是中毒身亡，夥計當場被逮。

後來，那家當舖與趙老頭的家人打了很久的官司，還花了大把銀子才將事情擺平。最後，大家才知道事情的真相。原來是趙老頭因為賭博輸得傾家蕩產，便喝下毒酒，想找人訛詐一筆，以便還債。趙老頭一開始盯上尤老翁，可尤老翁一再退讓，他只好另找他人。

大家都稱讚尤老翁聰明，紛紛問他怎麼知道趙老頭要詐財，尤老翁說：「我哪能想到呢，只是趙老頭突然冒犯，肯定有事，要是沒事，也是有人在背後撐腰，所以就吃個虧來避免是非而已。」

尤老翁明知趙老頭無理取鬧，還是以容忍之心退讓，最終讓自己避免了一場災禍。《菜根譚》云：「禍不可避，去殺機以為遠禍之方而已。」陌生人的冒犯一定有原因，容忍才能避免事情惡化。若他人有意挑釁，更不能意氣用事，此時，吃虧是避免禍患的最好方法。

4. 氣到吐血，又何必呢？

我們都知道要忍耐，但儘管時刻提醒自己，仍難免心裡過不去。

吃虧後，生氣是正常的，有「咽不下這口氣」的想法也是可以理解的，但人在盛怒之下，很難理性判斷，就容易錯估形勢，做出違背常規的行為。

有著「中場大師」之稱的法國國家足球隊前隊長——席內丁·席丹（Zinedine Yazid Zidane），是世上最偉大的球員之一，也被譽為「法國球王」。但他卻因為無法吃虧，在生涯告別賽中，被裁判以紅牌強制退場。

二〇〇六年七月十日，柏林舉辦了第十八屆世界盃決賽。法國與義大利兩隊始終僵持不下，雖然比數持平，但法國隊仍佔上風。就在延長賽下半場，席丹突然轉身，用頭頂撞擊身後的義大利球員馬特拉齊（Marco Materazzi），使他倒地不起。

主裁判商議後，決定向席丹出示[1]紅牌強制出場。隊長遭判下場

---

[1] 足球員在場上嚴重或屢次犯規時，裁判會舉出紅牌，強制該球員離場，不得再進行剩下的比賽；當有球員被判紅牌時，不能補上後備球員，必須以缺人情況繼續比賽；若有比賽隊伍被驅逐到剩下六人，即視為落敗；被罰下場的球員也會視犯規程度處罰，嚴重可能會遭禁賽一場。

後，法國隊氣勢一落千丈，接著在最後的❷點球大戰中，士氣低落的法國隊以四比六輸給了義大利隊，與世界盃冠軍失之交臂。

據賽後採訪，原來是馬特拉齊盯防席丹時，在他身後說出侮辱他母親及妹妹的言語，才導致席丹一怒之下用頭頂了馬特拉齊。

席丹精湛的足球技術，受到大家的崇拜。這場比賽，不僅是他人生最後一次世界盃，更是職業生涯的最終場。作為法國足球史上令人驕傲的悍將，卻在最後留下遺憾，引來無數球迷扼腕。

家人遭受侮辱，確實令人氣憤，但在賽場中，取得勝利才是最好的反擊。席丹不僅讓自己的職業生涯打上了遺憾的句點，更在關鍵時刻使得法國隊士氣低落，導致輸掉比賽，撒手讓出原本屬於他們的榮譽。

賽後，席丹為媒體的指責及球迷的質疑道歉，但錯誤犯下便無法挽回，他為他的失控付出了極大的代價。

生活一定會遇上讓人憤怒的事，但我們應該學著控制，因為發怒不僅解決不了問題，還會讓狀況變得更糟。

明朝時有位官員叫李三才，因為對皇帝不滿，一次上朝時憤怒地對皇帝說：「皇上愛財，也該讓老百姓得以溫飽。為了私利而剝削百姓，有害國家之本，是不對的。」當場讓明神宗在文武百官前下不了台，於是被罷官。

---

❷足球賽中，若比賽結束仍未分出勝負，便會進行延長賽。而所謂點球，就是將球放在十二碼的定點，並在延長的五輪踢球賽中，由進球多的一方勝利；若這五輪比賽中，比數仍持平，則進入「驟死賽」階段，所謂驟死，就是只要有一方踢進，一方落空，比賽立即結束，由踢進方獲勝。

他本是個賢才，為官清廉，一直主張為老百姓減除稅收。罷官後，雖然很快就東山再起，但因為平時直來直往得罪了許多人，沒多久便再次被發放回老家。

奸臣們紛紛誣陷不在朝中的李三才，有人說他盜竊、有人說他用人存有私心，皇上雖不知道真相，但也沒有聽信讒言處罰他。他卻覺得受到莫大的委屈，上書向皇帝表達憤怒之餘，還處處指責皇帝聽信讒言、不辨是非。讓本來不在意的明神宗，無法忍受，下旨褫奪一切封賞，他再也沒有翻身的機會。

李三才最後不但沒得到公平結果，還因一而再再而三的過度行為激怒了皇帝，反而落得更慘的下場。

遇上這樣的事，發怒是可以理解的，但不懂調節情緒就不聰明了。

我們應該先冷靜下來，思考最有利的解決方法，讓更理智的思維來支配行為。

而且，從生理學來看，生氣最傷害身體健康。它會使「血氣耗，肝火旺」，更會損害肝臟及心臟，所以患有高血壓、心臟病的人尤其需要注意。《三國演義》裡的周瑜，正是被諸葛亮氣得口吐鮮血而亡，所以，中醫養生之術最講求的就是保持心態平和。

赤壁之戰後，周瑜想拿下荊州，卻被諸葛亮搶先奪走。於是周瑜便計畫將孫權的妹妹嫁給劉備，欲趁機將劉備當作人質以討回荊州。誰知諸葛亮早就識破他的計謀，順勢讓劉備成了親，又用計將劉備夫婦接出。周瑜親自率兵追趕，卻被黃忠等人逼得無路可走，兵敗而回，大家都嘲笑周瑜「賠了夫人又折兵」，讓周瑜非常生氣。

之後周瑜多次派出魯肅搶荊州都失敗，就假借替劉備收川之名，意圖再次奪回。沒想到再度被諸葛亮識破，諸葛亮安排了幾路人馬，在周瑜上岸時，到處喊著活捉周瑜，把他活活氣病了，最終吐血而亡。

周瑜不僅沒拿回荊州，還被貼上了心胸狹窄的標籤。沒達成目標，反而傷了身體，完全划不來。在怒火之下衝動的人，最後都會害了自己，但只要冷靜下來，就會發現事情還是有轉圜的餘地。

5. 流言、網路中傷你，都是一種心智的磨練！

忍耐是一種十分可貴的品行，**當遭受侮辱、誤會、挑釁等不公平待遇時，選擇隱忍不反抗並不代表懦弱，相反地，是內心強大的體現。**

一八五〇年代，造紙業起家的美國發明家塞勒斯．韋斯特．菲爾德

（Cyrus West Field）已成為一名非常成功的商人，但他不因此滿足，他真正的夢想是建造一條穿越大西洋，連接歐美兩洲的海底電纜。

菲爾德開始鋪設電纜，前兩次不幸以失敗收場。一八五八年，他開始進行第三次鋪設，這次相當順利，英國維多利亞女王還曾透過這條電纜向美國總統傳送訊息，但不久後卻再次因故障停用。

前兩次的失敗，讓原本抱有希望的人們逐漸失去信心，而第三次的故障，更是引起了群眾的憤怒，紛紛將懷疑和指責的矛頭指向菲爾德。媒體開始造謠，甚至攻擊菲爾德私吞資金，才導致電纜鋪設失敗。

面對流言蜚語，菲爾德不予回應。他深知電纜的失敗，一定與某些電信技術的限制有關，但具體原因需要時間查證，若現在急著為自己解釋，只是浪費時間，不如忍下並全心投入研究。

七年後，被攻擊多年的菲爾德終於找到了解答，在謾罵和輿論壓力下重新鋪設電纜，這一次他真的成功了。一八六六年，美洲和歐洲順利傳輸電報，所有的流言不攻自破。

媒體為了炒作話題傷害他人，不明真相的群眾聽信謠言，面對這種情況，只能用成功來證明一切。菲爾德心中有更遠大的目標，所以當然不在意毫無根據的無稽之談。他的忍耐不是軟弱，而是真正的勇敢，能承受打擊並重新振作，才是內心的強大。最終，他實現夢想，成功改變美國通信歷史。

下一則故事，也是內心強大的體現。

有家美國電子公司駐中國的首席代表抓到一名員工偷工減料，他嚴厲指責這名員工。幾天後，被罵的員工寫了一封匿名信到美國總部，誣陷他不按公司章程辦事，總找下屬碴，總部立刻派人對他進行監督。

聽到這個消息，他感到非常憤怒，但他努力讓自己冷靜下來，思考該如何回應……。

他剛畢業就到美國進修，當時需要打好幾份工才能貼補生活費。前三年，他一天都沒有休息，甚至連聖誕節也行程滿檔。因為對電腦有高度興趣，礙於當時國內技術落後，所以他決心出國引進更優良的技術。如今好不容易來到一間技術極佳的電子公司，他心想，在還沒實現目標前，絕不能因為一點小事放棄。

所以他決定不報復這位下屬，也不為自己辯駁，而是配合調查，盡力完成分內的工作。

最終，調查結果出爐，公司還他一個清白。還因為這段期間優秀的表現，提拔他成為副總裁，專門管理與中國公司交接技術的事務。

忍耐，一定會吃虧，但當有更重要的理想和目標時，那些吃的虧就相對渺小了，甚至可以成為養分，讓我們成長。這是因為對目標的執著，會在心裡產生新的平衡基準，便更能坦然地面對和接受。

至聖先師自然也懂得這個道理。

孔子中年時帶著弟子們遊說各國，想將治國主張推薦給君王，讓他們施行仁政、避免戰爭。但當時所有國家都忙著擴張地盤，沒有一個君王願意聽從。

有日，遊說到鄭國時，孔子和弟子們走散了，孔子便獨自站在城東門等候。弟子子貢向鄭國人詢問孔子的下落，鄭國人雖然看見了，但因為想要羞辱孔子，就對子貢說：「我在城東門看到一個人，長得很奇怪，像隻喪家之犬。」

子貢找到孔子後，生氣地將那人說的話告訴孔子，誰知孔子卻不以為然地說：「他說我像喪家之犬，事實的確如此啊。」

孔子周遊列國，被各國君王拒絕，時常飢餓度日，正是困難的時候。面對鄭人的譏笑，執意反駁並不能受到尊敬，反而讓人覺得沒有氣量。對孔子而言，重要的不是向路人證明自己，而是說服君王接受自己的觀點，為百姓盡點心力。

他人的侮辱、誹謗、譏笑，都是傷害自尊心的利器，但當心中有遠大志向時，就能克服傷害帶給我們的怒火，學著忍耐來鍛練心性和毅力，才能達成最終目標。

小道理大智慧

君子忍人之所不能忍，容人之所不能容，處人之所不能處。

——詩人　馬南邨

Section 03

學會6點，不僅不糾結，還能變強大

6. 試著原諒別人

寬容是一種涵養，可以體現出從容自信的風度及宅心仁厚的善良。學會以它取代憤怒，才能減少爭執、增加祥和。

一九七一年，時任南韓總統的朴正熙為求連任而舞弊，但首次參選的金大中卻意外獲得五百四十萬張選票，差點使朴氏落選。儘管朴氏以些微的差距險勝，卻從此將金氏視為眼中釘。朴氏前前後後策劃了意外車禍與綁架案，雖然讓金氏往後跛腳，一生不良於行，但仍幸運地撿回一命。此後，朴氏又屢屢誣陷，最後害金氏入獄服刑五年。

幾年後，朴正熙的政權在政變中走到末路，經歷了崔圭夏的短暫統治，由全斗煥繼任總統。但金大中的日子卻沒有比較好過，他被控訴謀反，以陰謀內亂罪被判死刑。

無計可施的他，只好尋求美國的幫助，美國因此向韓國施壓，金大中被改判死刑緩執行，他索性逃到美國避難。直到一九八四年才回到韓國，但是全家人都遭到政府監視，失去自由。

多年後，重獲自由的金大中兩次參選，卻連續輸給了盧泰愚及金泳三，這兩任總統也相繼為難他。受到無數次迫害的金大中，為了保全自身，只好辭去國會的職務，宣布退出政界。直到一九九八年，高齡七十四歲的金大中才終於完成了他的夢想——當選總統。

就任後，他並沒有報復政敵，而是設宴款待他們，以實際行動讓他們知道，慘無人道的迫害到此結束。

他屢屢遭到政治迫害，心愛的妻子也離開人世，但他從未放棄理想。二〇〇〇年，還因促成南北韓雙邊會談而榮獲諾貝爾和平獎。

在韓國，金大中被稱為「忍冬草」，人們稱讚他的勇氣和堅毅的信念，更讓人尊敬的是，他在被判死刑後，要家人不要為他報仇的寬廣胸襟。金大中內心的平和與寬容是他的致勝法寶，讓他無論經歷何事都能坦然面對。

美國作家馬克・吐溫（Mark Twain）說：「紫羅蘭把香氣留在踩扁了它的腳上，這就是寬恕。」寬容可以給別人一個機會，為自己帶來平靜，也可以省去不必要的麻煩。就如同子貢問孔子，哪個字可以一生奉行，孔子回答他：「恕。」恕，就是原諒與寬容。

寬容，可以讓我們設身處地為他人著想，就像下則故事中的士兵，同樣用寬容，拯救了自己與他人。

二戰期間，兩位士兵激戰之後與軍隊走散，在樹林中迷路無法逃出。兩人只好相互安慰鼓勵，期待早日找到救兵。就在他們即將斷糧時，幸運地捕獲了一隻小鹿。但鹿肉只能支撐幾天，不久便再次面臨生存的困境。

他們倆一前一後地繼續尋找食物，前面的士兵身上背著僅剩的鹿肉，就在一聲槍響後，前方的士兵倒下了。後面的士兵隨即跑了過來，用自己的襯衫為受傷的戰友包紮，受傷的士兵傷口不斷惡化，眼看性命不保。就在絕望之時，二人奇蹟似地獲救。

三十年後，當時受傷的士兵回到家鄉，回憶起這件事說：「我知道那是我兄弟開的槍，因為他想獨吞鹿肉。」所有人都非常驚訝。

原來，被擊中的士兵早就知道真相，因為當後方士兵幫他包紮時，他發現對方的槍筒還冒著熱氣。但他卻沒有把這件事說出來，而是裝作毫不知情，依然如往常親切對待傷害他的人。

受傷的士兵認為，所有人離鄉背井，賭上性命期待和平，都是戰爭下的受害者。更何況，這場戰爭讓開槍的士兵無法見上母親最後一面，他也相當可憐，於是說：「我的心中沒有仇恨，只有同情，當他跪下來哭著求我原諒的時候，我擁抱他，讓他知道我並不怨恨，不希望他懷著愧疚生活，戰爭好不容易結束了，大家應該好好享受和平的日子。」

這位士兵是真正有胸懷的人，不僅原諒了戰友，也讓雙方都沒有愧意地度過下半生。

寬容是一種善良。在莎士比亞名劇《威尼斯商人》（*The Merchant of Venice*）中，有段台詞：「寬容就像天上的細雨滋潤大地，它賜福於寬容的人及被寬容的人。」這位士兵與金大中總統都以善意回報傷害，以同情與寬容，體現偉大的人性光輝。

7. 永遠保持幽默感

蘇聯戰爭期間，有班從蘇聯開往波羅的海的列車上，發生了一則有趣的故事。

事情發生在晚餐期間。有位老將軍正和年輕士兵一起吃飯。老將軍因為煩惱軍情，於是開始向這位年輕士兵嘮叨，從高層對局勢的判斷，到指揮部的人員派遣，批評個沒完。

突然，老將軍想起這位年輕士兵就是指揮部派來的，便不悅地說：「憑什麼派你跟我一起來，他們就是故意讓你來監督我的。」年輕士兵什麼也不說，只是安靜地聽著他抱怨。

老將軍越說越不爽，繼續罵道：「你們玩沙的時候，我就已經在打仗了。現在的孩子，軍校畢業就自以為了不起，革命開始的時候，你才幾歲啊？」

年輕士兵也不生氣，只是順著話回答：「革命開始的那年我十歲。」老將軍看著士兵面對自己的挑釁，還彬彬有禮的樣子，心裡更加不舒服，便說：「睡覺吧，讓時間證明你有多會忍。」

這般列車上都是蘇聯派去支援前線的官兵。那位抱怨個不停的老將軍，正是高級將領鐵木辛哥（Semyon Konstantinovich Timoshenko），而有禮貌的年輕士兵，就是後來赫赫有名的將領什捷緬科（Sergei Shtemenko）。

什捷緬科絲毫不在意鐵木辛哥的挑釁，兩人共事了一個月。鐵木辛哥發現這個孩子不僅胸有大智，也十分有才華，漸漸不那麼討厭他。

鐵木辛哥對什捷緬科說：「我原本以為你是史達林派來監視我的，但現在我知道你不是那種人。」什捷緬科回他：「誰都有可能遇上晚餐前的抱怨，這沒什麼。」後來什捷緬科被調走，鐵木辛哥還親自寫信要求與他共事。

唐代大臣婁師德曾勸誡弟子說：「若是有人向你臉上吐口水，不需用手擦乾它，也毋須生氣，就讓它自然地風乾，不要辜負了吐口水之人的心意。」他所說的，不是要我們唯唯諾諾地任人欺負，而是吐口水這種無關緊要的小事，不妨讓它自然而然地過去就好了，為這樣的事生氣，純粹就是自找不快，斤斤計較反而浪費時間。

古希臘有名的哲學家第歐根尼（Diogenes），有次赤腳走到柏拉圖（Plato）家，將柏拉圖的地毯弄得滿是泥土，一邊踩還一邊說自己在踐踏柏拉圖唯一引以為榮的東西。柏拉圖只是笑笑說：「你留在我毯子上的泥土更加珍貴，所以是我賺到了。」

要說這件事誰吃虧，讀者肯定覺得是柏拉圖。但其實他根本不在意，也就不覺得自己吃虧了。

古代兒童啟蒙讀本《增廣賢文》上說：「福不可邀，養喜神以為招福之本。」意思是，享受幸福的唯一方法，就是讓自己保持愉快的心情，快不快樂完全由自己決定。

生活中大多是雞毛蒜皮的小事，與人交往天天都會遇到這些微不足道的摩擦，如果事事計較，反而讓自己不快樂。

中國人權運動的先驅——楊杏佛因為鼻子很大，所以胡適替他取了個「楊大鼻子」的外號，後來大家都這麼稱呼他。

有次胡適來拜訪他，恰巧他不在，胡適實在無聊，索性提起筆寫了一首打油詩《致楊大鼻子》：

鼻子人人有，唯君大得凶。
直懸一寶塔，倒掛兩煙筒。
親嘴全無份，聞香大有功。

江南一噴嚏，江北雨濛濛。

楊杏佛回家後，看到這首諷刺自己大鼻子的詩，連連拍手叫好道：「好詩，好詩！」他大方地面對友人的戲弄，就是因為這完全無傷大雅，即使友人有意譏笑，也沒有計較的必要。

胡適也是一個面對他人批評毫不在意的人，如果說楊杏佛對好友大度，那胡適就是在面對對手時展現大度。

胡適在給友人的書信裡寫道：「我忍受了十幾年的罵名，但我從來不恨罵我的人。有時他們罵得不中肯，我反而替他們著急；有時他們罵得太過火，害自己的名聲受損，我更替他們感到不安。要是罵我能讓他們快樂，那就是我間接對他們有恩，我當然願意讓他們罵。」胡適一生不斷被攻擊，但他不僅不計較，反而更加豁達，可見他的沉穩與大氣。

面對他人的謾罵和欺負，無傷大雅就毋須介懷，我們不妨學習楊杏佛和胡適那樣自我調侃，還給自己一個平和快樂的心情。

我們經常聽到有人抱怨自己過得不順心，其實都是一些毋須在意的小事，就是太過計較才會導致心裡不平衡，覺得大家都欺負、虧欠他，讓自己過得不快樂。

快樂來自內心，內心若是豁達，天地自然就寬廣，是非自然減少。

8. 主動退讓，給對方台階下

包容他人的錯誤時，可能當下感覺吃虧，但終究會有回報，因為大家都懂得反省。包容可以給對方反省的時間，察覺自己的錯誤，等他知道自己錯了，也會對你懷有感激和愧疚之心。經常這麼做，可以讓人與人之間的關係更親近。

漢代有兩個年輕人，一個叫胡常，一個叫翟（音同宅）方進，他們曾經一起求學，後來兩人陸續當官。

胡氏比翟氏早當官，直到翟氏當官時，胡氏已經小有名氣，也有很多門生。但是沒多久，胡氏就發現對方在各方面的名聲都比自己好。他不了解，明明一起求學，成績也差不多，自己又比他早當官，怎麼會這樣呢？私自猜測是翟氏巴結權貴害自己失寵，便經常在別人面前說他的壞話，於是關於翟氏的負面流言便漸漸流傳出來。

流言所指的事情翟氏都沒有做，而對於同門的妒忌中傷，他也不生氣，只是覺得兩人的同僚情誼相當可惜。

胡氏負氣不理他，他就派人到胡氏門下聽課，時常虛心請教，與同僚在一起時，也總說胡氏的好話。胡氏聽說後，知道他私下默默地推崇自己，而且觀察之下，也的確沒有做出巴結權貴的事。胡氏心中愧疚，主動向他道歉，並且在朝中不斷說對方的好話。不久，之前不利的流言就全都消失了。

翟方進非常聰明，他採用了「你不過來我過去」的做法，雖然一開始看似受到中傷，還得向別人低頭，相當吃虧，但其實他不僅挽回了名聲，也沒有失去好友。

勸人忍耐的經典——《忍經》，就記載了陳囂寬容他人的故事。

陳囂平日裡以心胸豁達出名。曾經有小偷偷他的魚，他假裝不知，將魚送給小偷，讓小偷十分愧疚，從此再也沒偷過東西。

陳囂有個鄰居名叫紀伯，平常很愛佔小便宜，某天晚上，紀伯將劃分兩家範圍的籬笆向陳囂家移動，好讓自家的土地變大，陳囂撞見卻沒有出聲，等紀伯走了之後，又將籬笆再向自家方向挪動，讓紀伯的土地更大。

紀伯本來擔心，陳囂發現後會把籬笆移回原位，結果看到自己的土地更大了，才意識到陳囂知道這一切，不但沒有怪罪，反而讓出更大的土地。紀伯非常慚愧，最後除了把屬於陳囂的地全部歸還之外，還讓出了自己的兩吋土地，以示歉意。

不苛責別人的錯誤，並不是軟弱。紀伯偷偷移動籬笆，就是想要佔地，若陳囂站出來指責，也許可以要回自家的地，但對方也會因為被發現而惱羞成怒，兩人免不了一頓爭吵，鄰里關係反而緊張。

陳囂主動讓地，既讓紀伯知道做壞事被發現，又讓他感受到陳囂的大度，自然就會產生愧疚心理，改正自己的錯誤。

陳嚚只是一時吃虧，但最後既沒有失去土地，還保全了鄰里關係，對方甚至主動讓地表示歉意。所以主動寬容他人，表面上看起來吃虧，實際上反而賺到了。

另一個故事發生在一家五星級飯店裡，有位顧客突然憤怒地嚷嚷著，要剛才幫他上菜的服務生過來解釋。

服務生很快就過去查看，只見顧客指著剛剛送上的飲料說：「你送來的飲料都結塊、壞掉了！」服務生一看，立刻明白這位先生是因為將牛奶和檸檬混和，而導致結塊現象，看起來就像飲料壞掉了。他微笑著道歉：「對不起先生，我們現在就幫您換一杯。」顧客繼續無理取鬧地說：「你們的飲料壞掉，誰知道菜還能不能吃，我要求換菜。」

周圍的人有點看不下去，但是那位服務生卻始終保持微笑，一邊道歉一邊說：「好的，待會兒馬上幫您送上新的飲料，再請您幫我重新點菜。」因為他態度溫和，顧客也不好意思繼續吵鬧，態度冰冷地答應後就讓人把菜端走。

一會兒，服務生端著新的紅茶，微笑著向顧客說：「先生，您的紅茶到了，請您先飲用，我馬上送來菜單。」

服務生走後，這位先生拿起一旁附上的檸檬和牛奶，正準備加入紅茶時，突然發現杯子底下壓著一張小紙條，紙條上寫著：先生，牛奶和檸檬混在一起會結塊，請您在牛奶和檸檬中擇一加入。

這位先生看完紙條，臉立刻就紅了，他知道這是服務生好意提醒自己，也就是說，剛才的牛奶並沒有壞，是自己不了解這個物理反應，才造成這場誤會。他十分感謝那位服務生的做法，不但沒有辯解，為自己保全了面子，還善意提醒，並更換了新的飲料。

服務生再次出現時，這位顧客真誠地向他道了歉，並且請他把撤下去的菜都端了回來，離開時還在顧客滿意度調查中，給了這位服務生最高的評價。

顧客不知道牛奶不能加檸檬的常識，在五星級飯店內發起火來，其實服務生可以當場指出，不用答應無理要求，可是他卻不厭其煩地提供額外服務，在顧客冷靜下來以後，才用委婉的方式指出他的錯誤，讓他有思考和反省的時間。這樣的處理方式，不僅避免了不必要的麻煩，還讓事情得以完美落幕。

如果別人的錯誤讓我們吃虧，不要急著指責，主動退讓，給對方一

點時間，讓對方能夠冷靜、反省，就可以省去很多不必要的麻煩，也會讓人與人之間的關係更進一步。

9. 千萬記得，報復解決不了任何事

當我們迫不得已，必須吃虧時，可能會產生報復的心理。因為吃虧就是種不公平，為了求得公平，我們會產生憤怒並且想要討回來，但是這種念頭，往往只是折磨自己。

印度詩人泰戈爾（Rabindranath Tagore）曾講過一個故事。

有位擅長畫人物肖像的畫家，他的父親蒙冤而死。父親死後才被證明是無辜的，從此他痛恨那位沒弄清楚真相，就審判他父親的官員。

多年後，這位官員偶然走進畫家的店，他十分喜歡店裡的一幅畫，想要向他購買。畫家認出他正是當年那位審判官，就用布將畫蓋起來，無論官員如何拜託，他都不願意出售，不僅如此，還次次出言諷刺那位官員。最後官員只好請自己的父親來買那幅畫，但畫家仍然態度惡劣地不願意出售，還要官員的父親轉告他，這就是對他的報復。

這位畫家習慣在每天早晨畫一幅肖像畫當作練習，但這段時間他總是想著報復官員，漸漸無法專心作畫，因此感到十分苦惱。直到有一天，他觀察這段時間以來的畫作時，才發現自己因為太痛恨官員了，所以無論畫什麼人物，都有官員的影子，自然無法再完成特徵明顯的肖像畫。畫家後悔地說：「我報復到自己頭上了。」

畫家執著於報仇，進而影響到自己的創作，仇恨不僅沒能為他帶來快樂，反而招致苦悶。他覺得不賣給對方畫作、次次羞辱他就是報復，其實只是給自己增添無盡的煩惱。

總是計較的人，就像繃緊的弦，得不到放鬆，不寬容他人，自己也會被勒得傷痕累累。其實我們想要的並不是吃虧以後的公平，而是能夠放下一切的平靜，那才能真正帶來快樂。

要得到這樣的寧靜，就要學會寬恕他人。智者知道，寬恕是一種難能可貴的美德，唯有讓自己放下憤怒與怨念，才是真正地善待自己。

有位要遠行的小沙彌，剛出門就被一位大漢撞倒，他頭昏眼花，還被路旁的樹枝劃破了手掌。大漢怕小沙彌賴上他，就先開口埋怨說：「誰叫你走路這麼急匆匆的，我塊頭這麼大，你沒看到嗎？」小沙彌沒說話，也不怪罪這位大漢，只是笑了笑。大漢反而感到慚愧，不好意思地問道：「我撞了你，你怎麼一點也不生氣？」

小沙彌平靜地說：「既然事情已經發生，生氣沒有用，既不能讓手不痛，傷口也不會癒合，只會讓衝突擴大。如果我對你惡言相向，或動用武力，即便打贏了，也會種下惡緣，到頭來輸的還是我呀。」接著繼續為大漢開脫說：「若是我選擇走別的路，或者早出來、晚出來一分鐘，都可以避免相撞。我們這一撞化解了一段惡緣，還得感謝你幫我消除業障。」

大漢聽了小沙彌的這段話，覺得非常羞愧，連忙向他道歉，並留下小沙彌的聯絡方式才離去。

幾個月過去，有天，小沙彌突然收到這位大漢寄來的一萬元。原來，大漢因為忙於經營事業冷淡了妻子，妻子因而出軌，得知消息的他怒火中燒，原想將妻子殺掉。

正當大漢在舉起刀的一剎那，突然想起小沙彌所說的「生氣沒有用」，事情已經發生了，殺了對方只會讓事情更糟。於是，他放下手裡的刀，反思自己的不足之處。他知道這一切是自己造成的，又怎麼可以怨恨妻子呢？

從此以後，無論事業上多忙，他都會抽出時間陪伴妻子，兩人感情越來越好，事業也更見起色。為了感謝小沙彌讓他學會用寬恕處理人際衝突，從而贏得了美滿的家庭，所以特地寄來一萬元，以表謝意。

小沙彌用實際行動傳遞寬恕的美德，讓大漢懂得寬恕不是軟弱，而是一種惠人惠己的力量。寬恕的受益者有兩個：一個是被寬恕的人，一個是寬恕他人的人。

得到寬恕的人會因此而幸福，施以寬恕的人也可以放下怨氣，重新得到平靜。不寬恕別人，會把自己綑綁在仇恨與憤怒中，建造束縛內心的牢籠。所以多寬容別人，會得到心靈的釋放，因為原諒對方，就是放過自己。

10. 選擇寬容，讓彼此解脫

古代有許多宣揚報仇的句子，例如「君子報仇，十年不晚」、「有仇不報非君子」等等。當被人侮辱、欺負的時候，我們一定會想討回公道，否則就覺得不公平。

但是古人也說：「冤冤相報何時了。」報復只會互相傷害，倒不如放下仇恨，用寬廣的胸襟原諒對方。寬容擁有著仇恨所沒有的能量，是正義，也是自信。

二〇一四年四月十七日，英國《每日郵報》（*Daily Mail*）報導了一則新聞，內容是有位伊朗母親，將殺死自己兒子的犯人救下絞刑台。

這位囚犯今年剛滿二十六歲。七年前，他參與街頭鬥毆時失手殺了這位母親的兒子，因此被判處絞刑。按照伊朗的法律，行刑時，受害者家屬要踢開犯人身下的椅子，以完成吊死程序。

但沒想到，這位母親並沒有踢開椅子，而是站在另一個椅子上，狠狠地打了犯人一個耳光，然後難過地說：「我原諒你。」犯人的母親原本已經不抱希望了，但看到這位慈悲母親饒恕了自己的兒子，忍不住上前擁抱她，兩位母親一起放聲大哭。

在場圍觀的人都鼓掌歡呼，也有不少人感動流淚。在伊朗，受害者家屬有權赦免死刑犯，這位犯人因此被釋放。

受害者的母親表示，失去兒子後，她沒有一天不痛苦，所以今天若是執行絞刑，那麼殺人犯的母親就必須承受和自己相同的痛苦。她相信兒子即使無法陪在她身邊，也會在天堂過得很好。

有位記者完整記錄下這感人的一幕，事件傳出立刻引起轟動，各國媒體爭相報導。有人說這就是母性的光輝，也有人說這位偉大的母親用一巴掌化解了仇恨。犯人在被釋放後痛哭，表示自己願意用一生感恩與贖罪。

受害者的母親承受著失去兒子的痛苦，但仍選擇原諒。因為明白痛苦的滋味，不願意另一個家庭也受到相同的傷痛。

若選擇踢開椅子，世界上會少了一個犯錯的人；不踢開椅子，反而多了一個改過自新的好人。這位母親用寬容拯救他人，也讓自己從仇恨中獲得了自由和釋放。她讓我們震撼又深受感動，同時重新思考寬容的真諦。

寬容是一個化敵為友的過程，當我們選擇寬容，不僅是拯救他人，也是拯救自己。

另一則讓人感動的新聞是一位退休老師的故事。

有天，他在家休息時遭到十九歲的歹徒闖入家中搶劫。歹徒手持長刀，情緒非常不穩定。兩人搏鬥許久，雙雙受了重傷，歹徒倒地不起，且面臨情緒崩潰。這位老師馬上叫了救護車，並向警方謊稱歹徒是自己的乾兒子，讓這位年輕人獲得即時的救護。

事後，很多得知真相的人，自發性地到醫院探望這位無私的老師。他卻只說，老師的責任就是教導學生，對於誤入歧途的學生，要負責把他們導回正路。

無論是伊朗母親還是這位老師，在面對別人的傷害時，都選擇寬恕。老子說：「先德後禮，先禮後法。」社會秩序靠法律維護，但道德卻只能靠人心來維持。

近幾年，有時會聽到老人跌倒，路人好心攙扶反而公親變事主。但在學校，老師還是該教導孩子敬老尊賢、助人為樂；家長也必須告訴孩子，遇到需要幫助的人要主動協助。這些都是教我們以寬容的心，對待社會上的不公，我們不能因為少部分人的壞心，就讓自己也變得無情。

寬容並不意味著縱容壞人，我們可以運用法律的力量保護自己，對於那些違法的行為，也要強力制止。寬容不同於軟弱，沒有原則、無止盡的讓步，只會讓壞人更加囂張。寬容是一種處事方式，也是一種力量，對維持社會秩序、維護人際關係、調節自我心理等都有很大的好處。

用寬容的方式溫暖別人、守護自己。不讓自己陷在仇恨中無法抽離，也給他人一個改過的機會，能讓自己活得更自在。

11. 學習釋懷，就是不與自己作對

我們不怕在親朋好友身上吃虧，因為我們愛著他們，願意為他們無私付出。但若要我們不計較個人得失，幫助曾經傷害過自己的人、討厭的人或敵人，就不是人人都能做到了。

網路上流傳著一篇故事，故事的男主角費恩是一位有名的心臟科醫

生，他醫術高超，唯一美中不足的，就是已經快四十歲了還沒有結婚，甚至沒有女朋友。大家都知道，他在上一段感情受挫後，就一直保持單身。

他上一段戀情像童話一樣，兩人一見鍾情後迅速墜入愛河，戀愛的第六年，費恩終於求婚成功，兩人決定攜手步入婚姻。

然而，就在結婚前一天，新娘卻突然消失。婚禮被迫取消，新娘的家人朋友完全找不到她，就像人間蒸發了一樣。他苦苦尋找，最後得到的卻是她已經和另一個男人結婚的消息。

這件事讓他幾乎失去理智，原來女友早就移情別戀，還一直欺騙他到最後一刻。費恩因此喪志，只能透過不停工作試圖遺忘，一晃眼就是五年。

有天，有位女人護送一位心臟衰竭的病人進急診室，費恩發現這個女人竟然是他恨了五年的前女友，而等待搶救的就是她的現任丈夫。

他努力控制激動的情緒，立刻為她的丈夫進行手術。術後，他告訴前女友必須盡快辦理住院，準備進行二次手術。前女友哭著求他幫忙，因為他們已經沒有多餘的錢支付手術費，所以丈夫的病才一直拖著。

看著前女友哭泣，費恩心中浮現的是五年前她狠心的樣子，想起被取消的婚禮、大家的嘲笑和這五年來的痛苦。明明是她對不起自己在先，又為何要幫助她呢？然而費恩最終還是改變想法，答應了她。

有了費恩的協助，前女友的丈夫順利恢復健康。出院那天，夫妻倆不停對他道歉並表示感謝。費恩發現自己幫助他們之後，之前不能釋懷的痛苦好像都消失了。他感到平靜，不再激動也不再想要報復了，就好像這件事正式在他人生中落幕。

當他決定幫助前女友的時候，就已經放下仇恨，讓自己的心裡照進陽光。我們可以確信，放下仇恨的他一定會擁有新的戀情，找到讓他幸福的另一半。

用寬恕化解仇恨可以讓自己重生，也可以調節彼此間的關係，但這需要善良與度量。費恩相當值得我們學習，而歷史上也有許多名人具有這樣的品行。

大家都知道蘇東坡與王安石一向不和，兩人才華不相上下，爭辯起來誰也不讓誰。有一次兩人起了口角，擔任宰相的王安石一氣之下，把官位比自己低的蘇東坡貶到了黃州。

宋元豐三年正月，蘇東坡狼狽地離開京城。這是他一生中最倒楣的時候，一開始是差點在大牢裡丟掉性命，後來又被王安石貶官，也顧不上過不過年，大年初一便前往被貶謫的地方。

到了黃州，他新就任的職稱有「水部員外郎」、「黃州團練副使」及「本州安置」。水部員外郎只是一個空有頭銜而無實權的職位，而黃州團練副使只是一個小小縣裡的武裝部副部長，勉強只有本州安置是有實權的職位，但只能在當地工作，實際上相當於軟禁。

風水輪流轉，王安石在變法失敗後被罷退官職，以前那些跟在他屁股後面的人全部不見了；蘇東坡卻被赦免，得以回到京城。

按理說，蘇東坡應該非常怨恨王安石，但是他在回京途中，特別跑去探望這位曾經的政敵。王安石非常感動，兩人不提以往的過節，只是互相交流詩詞文章，深深為對方的才華折服。

王安石與蘇東坡不計從前，最終結為好友，在文學史上留下一段佳話。

放下仇恨，不計較地幫助曾經傷害過我們的人，是為了釋放、解救自己。能這麼做的人，不僅是心胸寬廣，而且是有大智慧的人。

不念舊惡，向別人施予恩惠，這樣的例子有很多。不計較曾經吃過的虧，對傷害自己的人、討厭的人甚至是敵人施以愛心與寬恕，可以影響身邊的人，讓生活更加幸福、美好。

小道理大智慧

人心不是靠武力征服，
而是靠愛和寬容征服。

——哲學家　史賓諾沙（Baruch Spinoza）

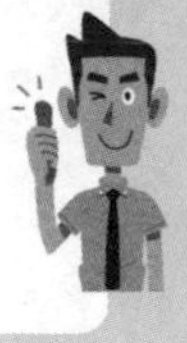

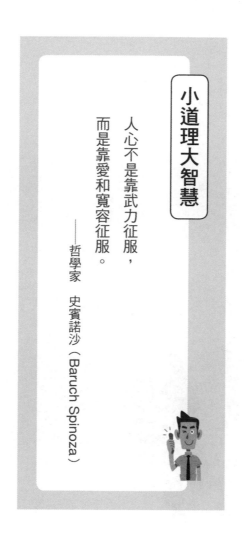

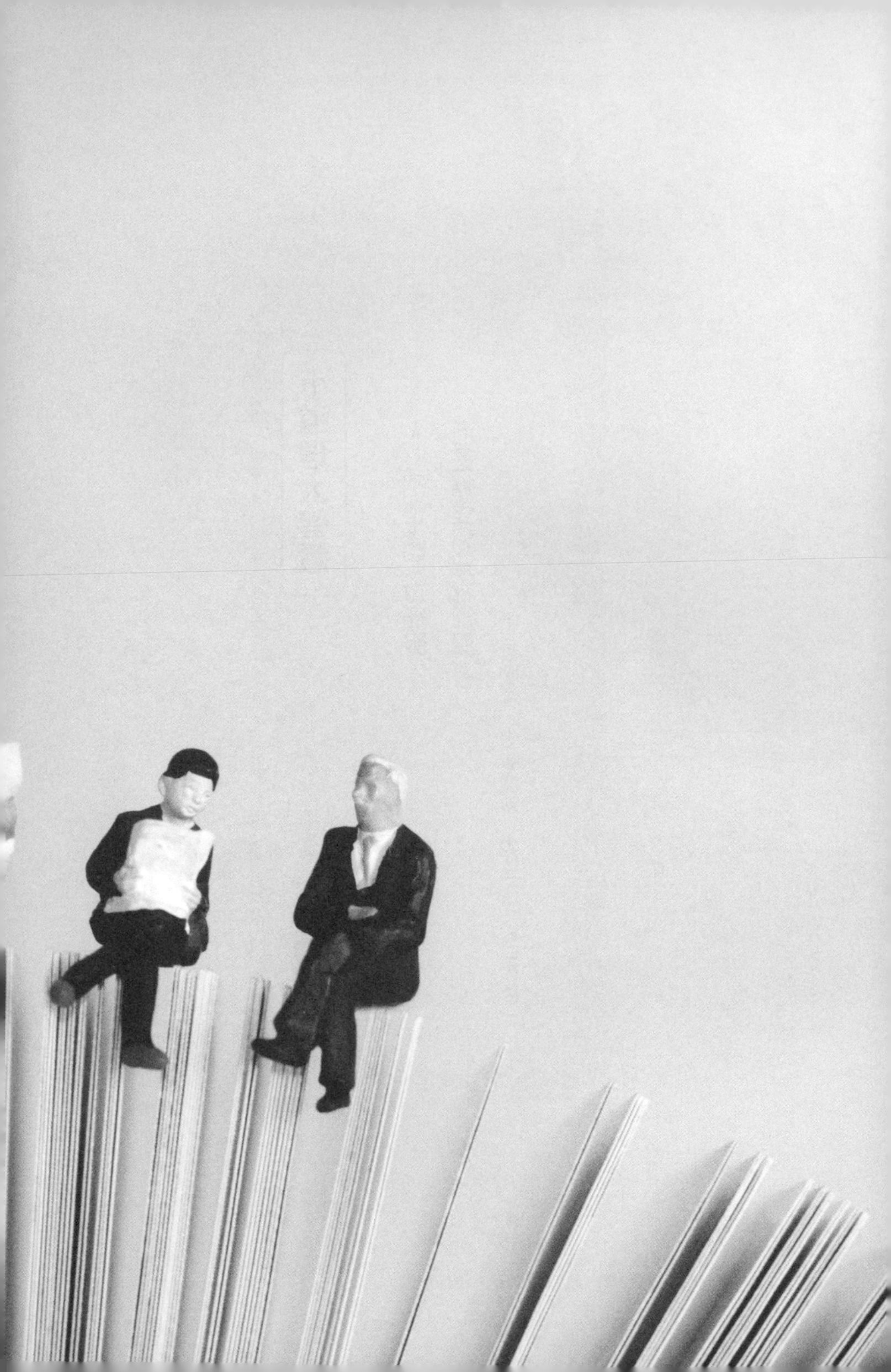

Chapter 2

想贏天下，得先贏人心

Section

04

原來，寬容是人生最強後盾

12.「經營之神」創造商業帝國的祕訣是？

親近之人，偶爾會無心的傷害我們，此時我們應該選擇原諒。

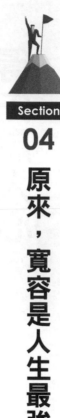

有對夫妻籌劃新婚旅遊，他們決定選擇兩人都曾經去過，但不是一起去的地方。並約定到那裡後，各自說一則有關那個地方的故事。

他們抵達了一個風景優美的森林區，接著，丈夫開始說起自己的經歷……。

小時候，他和朋友們都會來這個地方玩，那時候還沒開發，山上有很多漂亮的鳥，他們想抓一隻帶回家養。大夥兒發現了一隻最鮮豔、漂亮的鳥，並讓丈夫用彈弓擊中了牠，可惜的是，那隻鳥帶著傷飛到山下，最後還是沒能抓到。

妻子聽完，立刻深入詢問事情發生的時間、地點，還一再確認整件事情的過程。丈夫不耐煩地說：「就是一件小事，幹嘛那麼認真？」妻子回答：「讓我告訴你，接下來發生了什麼事吧。」

丈夫相當好奇，她便接著說：「那隻鳥是森林的瀕危物種，因為數量很少，所以大家都很小心保護。牠在被你打中後奄奄一息，看管人發現後，為了將那隻鳥救下，他整個人掉進山洞，不僅摔斷了一隻腳，左眼也被樹枝戳瞎了。」丈夫不悅地說：「妳編的故事一點都不精彩。」妻子也不再解釋，事情就這樣過去了。

旅行回來後，有位沒來參加他們婚禮的舅舅，要前來家中道賀。丈夫雖沒見過舅舅本人，但知道妻子十分敬重他。還從妻子口中得知，舅舅年輕時曾受過傷，斷了一隻腿，也有一隻眼睛看不見。

聊天時，丈夫自然地問起舅舅怎麼受傷的。舅舅漫不經心地笑道：「這也沒什麼，就是調皮的小孩子、小石子……。」妻子連忙岔開話題。丈夫雖然有點懷疑當年是否害了舅舅，但因為完全沒提到鳥的事情，也就沒再追問，妻子卻顯得很尷尬。

晚上，妻子趁著丈夫不在家，對舅舅說出真相：「那個害你受傷的男孩，就是我的丈夫。」舅舅只是笑著說：「當時他還小，不是故意的，不能怪他。現在把真相說出來，只會讓他更愧疚。家人和睦才是最重要的，你們夫妻倆開始賺錢後就一直寄錢給我，這麼孝順，已經讓我很感激了。」舅舅還特別叮嚀妻子不要把這件事說破。

舅舅臨走時，夫妻倆送了他很多東西，還專門為他訂製一副義肢。受傷的事，則成了永遠的祕密。

這位丈夫的無心之失對舅舅造成傷害，但即使知道真相，舅舅依然豁達，沒有加以怪罪。因為傷害已經造成，如今知道實情，只會讓對方增加心理負擔，更可能一生都擺脫不了陰影，對事情毫無幫助。

寬容別人的無心之失，讓自己的心靈放鬆、得到救贖，也能讓別人感激你，得到更多的收穫。

接下來，讓我們看看日本商人的精神領袖——松下幸之助，如何透過原諒他人，創造商業帝國。

後藤清一原是三洋公司的副社長，由於他非常崇拜在日本有「經營之神」稱號的松下幸之助，於是投奔到松下的公司工作。

因為後藤經驗豐富，松下非常信任他，雖然給他的工廠不大，負責的卻是核心業務。

誰知不久後，因為一時疏忽，工廠燒成了廢墟，後藤感到非常愧疚。

聽到消息後，松下把他叫到辦公室，手中還拿著一把炭夾，邊說話邊敲打，不一會兒，夾子就被敲彎了。松下對後藤說：「你能幫我變回原狀嗎？」後藤疑惑地接過夾子，用力把它弄直後，還給松下。松下接過夾子說：「我剛才很生氣，所以用這個夾子發洩，我相信你掰一掰它，心裡也會舒服很多。」本以為會被責遣的後藤，離開辦公室時鬆了一口氣。後藤走後，松下還打電話給他的妻子說：「妳先生今天心情不好，多陪陪他。」

事後，後藤認真寫了悔過報告，松下看完報告也沒責怪他，只回覆：「加油吧。」

這樣的做法讓後藤十分感激，也因為心懷愧疚，讓他往後更加細心及忠心，為松下賺進的錢，遠遠超過那間燒毀的工廠。

松下不光對後藤的無心之失不追究，還寬恕他，讓他卸下心理負擔，創造出更大的產值。這是一個非常聰明的管理方法，也是松下成功的祕訣。因為這樣的處理方式，讓集團更有凝聚力，也更穩定，也難怪全日本都爭相追隨這位經營之神了。

對於別人無心的過錯，我們可以站在對方的角度，減少他的心理負擔。因為當自己犯了無心之錯，一樣渴望被原諒，所以當我們可以原諒別人時，不妨對對方仁慈點。

13. 寬恕，是最有效的反擊

面對吃虧時選擇寬容，可以體現一個人的氣度，也是一種美德。有同理心的人，一定比想著復仇的人幸福。我們應該寬容別人的錯誤，給對方重新開始的機會。

網路上有這樣一個故事。有位小提琴演奏家名叫艾德蒙，有天，他發現家中遭小偷，而且正在他的琴室偷竊。愛琴如命的艾德蒙，害怕小偷拿走他的「阿瑪提」，這是他最喜歡的一把琴，價值不菲，於是緊張地衝進琴室。

他匆忙地打開琴室的門，只見門後站著一個衣衫破舊、約十三歲的少年，手上正拿著阿瑪提。

少年既緊張又害怕。而艾德蒙看著少年驚慌的樣子，突然心軟了，他溫柔地對少年說：「您是艾德蒙先生的侄子吧。您好，我是他的管家，他有交代您今天會來，沒想到來得這麼早。」

少年收起害怕，半信半疑的說：「叔叔出去了嗎？那我先走了，等他回來再說吧。」說完就急著離開。艾德蒙立刻叫住他，說：「剛才看到您拿著小提琴，您會拉小提琴嗎？」少年回：「會一點，但是拉不好。」艾德蒙便說：「那就把琴帶回去練習吧，我相信艾德蒙先生一定很期待聽到您演奏。」

少年離開後，艾德蒙獨自思考了很久，他的妻子問他：「你怎麼了？今天好像沒聽到你拉琴。」艾德蒙回答：「我今天把阿瑪提送給一個不認識的孩子。」妻子驚訝地說：「那可是你最愛的琴。」接著，艾德蒙一五一十地向妻子說明事情經過，最後說：「希望我能拯救一個迷失的靈魂。」

三年後，艾德蒙受邀擔任小提琴比賽的評審。有位名為李特的年輕人，在決賽中展現高超的演奏技巧，獲得冠軍。

艾德蒙頒獎給李特時，李特突然問：「先生，請問您還記得我嗎？三年前，我闖進您家，想偷您的琴，可是您卻把琴送給我。」艾德蒙驚訝地說：「我假裝自己是管家，你怎麼知道是我？」李特回答：「我出去時，看見客廳掛著一張您的相片，沒人會把管家的相片掛在客廳，所以我早就知道您是艾德蒙先生。」

李特接著說：「那時大家都瞧不起我，是你的善良讓我下定決心努力練習小提琴，直到有天能當面感謝您。現在，我可以問心無愧地把小提琴還給您了。」艾德蒙非常感動，他走上前擁抱李特，他知道這個男孩沒有讓他失望。

艾德蒙不僅寬恕李特，還將自己最喜歡的小提琴送給他，讓他找回自尊和自信，用一把小提琴拯救了一個迷途的靈魂。

寬容是一種成熟的心理狀態，它包含著理解、同情、豁達等。理解和同情讓人們變得溫柔；體貼、豁達則可以讓人與人之間距離更親近。

中國電影《雙食記》中，有位丈夫背著妻子與小三交往。他自以為醜事不會被發現，但其實妻子早就察覺了，且決心讓這個背叛她的男人付出代價。

她假扮成營養師，接近並告訴小三：想留住男人，就要先留住他的胃。請小三每天依照她提供的食譜，做菜給背叛的丈夫吃。

這位妻子設計的食譜，都是摻在一起就會產生劇毒的食物，所以丈夫食用後漸漸開始脫髮、感到疲憊、牙齒也逐漸脫落，最後連眉毛都掉光了。小三意識到後，馬上送這位丈夫到醫院檢查，可惜為時已晚，這個男人未來都必須在輪椅上度過晚年。

電影的結尾，妻子雖然報復成功，但兩人再也回不去幸福的日子，成為無法挽回的悲劇。

日常生活中，我們不會像電影中極端地報復對方，可能會透過冷戰、爭吵，或者讓對方當眾出醜當作報復。但這都無法解決問題，反而讓幸福離我們越來越遠。

名著《悲慘世界》（*Les Misérables*）的作者——維克多・雨果（Victor Marie Hugo）說：「最高貴的復仇是寬容。」最有效的反擊，就是饒恕。

寬容中有善意的能量，這種力量能給別人恩惠，就像艾德蒙用一把小提琴拯救了一個誤入歧途的少年；若是無法饒恕，就會像《雙食記》的結局兩敗俱傷。

英國浪漫詩人華茲華斯（William Wordsworth）曾寫下：「正義之神，寬容是我們最完美的所作所為。」擁有成熟心態的人，一定懂得寬恕。

14. 先冷靜，才能找到出路

一旦吃虧，我們很容易失去理智，錯失找到最佳解決方式的機會，所以吃虧後，首先要讓自己保持冷靜，讓我們來看看接下來這個例子。

有位商人向朋友抱怨自己最近很倒楣。朋友介紹他一位老和尚，說是請他幫忙，就能解決問題，商人很心動，馬上前去拜訪。

見面後，商人請求老和尚幫忙化解霉運，但老和尚只提筆寫下：向前三步想一想，退後三步思一思，凶心起時不要動，怒火熄時最吉祥。並要商人遇上壞事就照著做。商人半信半疑，但還是收起字條，謝謝老和尚的幫忙。

商人回到家時已是三更半夜，正要進門，卻看到門前擺著一雙男鞋及一雙女鞋。他以為妻子趁自己不在家時出軌了，一氣之下拿起棍子就要衝進屋裡抓姦。

此時，他突然想起老和尚在字條上寫的「凶心起時不要動」，於是他努力讓自己恢復理智。他想著，平日與妻子很恩愛，出門前，妻子也一再叮嚀他注意安全、早點回來，應該沒有出軌的理由。所以他打算弄清楚事情的真相，再決定下一步。

最後，他發現妻子根本沒有出軌。原來是太太收到他要回家的訊息，提前準備好他隔日要穿的衣服與鞋子。幸好他聽了老和尚的話，壓下心中憤怒，否則恐怕會做出傻事。

故事中，商人的太太並沒有背叛他，是他自以為吃虧了，吃虧後的第一反應就是生氣。假設商人的妻子真的背叛了他，生氣也無法解決問題。面對吃虧，我們要學習壓制怒氣、保持平靜，用理智思考、解決問題，並轉換自己的思維，將吃虧變成福氣。

接著，是一位歌手因忍住怒氣、保持理智，而邁向成功之路的故事。

歌手詹姆士有次應邀參加一場歌劇院的演出，他在附近的旅館住下，並特意要求一間隔音效果較好的房間，以便好好休息。

到了晚上，隔壁房持續傳來嬰兒哭聲，讓他非常煩躁，根本無法入睡，他決定請飯店替他更換房間。無奈當天飯店已經沒有其他空房，詹姆士只能繼續忍受。

他生氣又煩躁地回到房間，但嬰兒的哭聲不僅沒有停止，反而越來越大聲。過了一會兒，詹姆士漸漸不再那麼生氣，冷靜下來開始思考：

自己唱兩個小時，嗓子就受不了了，為什麼嬰兒可以哭得如此宏亮又持久呢？他開始仔細聆聽嬰兒的哭聲，試圖學習嬰兒的發聲方式，就這樣練習了整夜。

第二天表演時，他的表現意外地優秀。他發現這個發聲方式很有用，演唱也比以往更加穩定流暢，技術大幅提高。

幾年後，詹姆士成了一流的歌唱家，當有人問他怎麼做到的，他總說：「這都要要感謝當晚的那個嬰兒。」

吃虧後讓自己冷靜下來，就會發現生活中沒有什麼過不去的事。

美國總統林肯（Abraham Lincoln）就曾說：「當有人攻擊你，不要發怒也不要報復，先將生氣的事寫下來，平靜之後，就把那張紙燒掉。這樣可以學會原諒身邊的人。」他懂得控制情緒，生氣時，先想辦法平息自己的怒火，再思考更好的解決方式。所以他隨時都能保持風度與理智，是良好修養的典範。

吃虧時能保持冷靜的人，修養過人，無論任何時候都能用理智約束自己、找到化解的方法，福氣自然會相伴。

15. 斤斤計較，只會因小失大

有時，即使我們老實做人，也免不了與人產生矛盾衝突。這時，我們應該用風度和修養取代怒火。

司馬光在自己的史料筆記《涑水記聞》中，記載了北宋宰相呂蒙正不計較他人過失的故事。

呂蒙正最初出任宰相時，很多人瞧不起他。第一次上朝，有個人故意用手指著他，大聲說：「這小子也能當上參知政事？」言語間充滿嘲諷，存心讓他下不了台。但他不介意，假裝沒有聽見。

另一位與呂蒙正交好的官員十分生氣，想要找出那個人並處罰他。呂蒙正連忙阻止，並告訴他：「知道那個人的姓名，對我並沒有好處，不如不知道得好。」大家都相當佩服呂蒙正的度量。

呂蒙正不記仇，正是懂得寬容別人、善待自己的道理。他知道，若是找到那個人，只會使自己更介懷罷了，不如讓大事化小，小事化無。

《戰國策》中講述了孟嘗君的故事。孟嘗君養了不少門客，他希望這些人可以在關鍵時刻幫助自己。但是，當他被齊王驅逐時，這些門客竟然一個個棄他而去，甚至落井下石。孟嘗君記恨，就將那些人的名字刻在木板上，打算日後報仇。

孟嘗君回到齊國後，遇到了一位名為譚拾子的人。譚拾子問他：「你是不是恨那些背叛你的人？」孟嘗君點了點頭。譚拾子接著說：「這社會本來就是如此現實。就像市場，早晨總是擠得水洩不通，到了晚上就空蕩無人。不是人們不喜歡晚上，而是因為有需求才這麼做的。這些人也是因為有自己的需求，才逼不得已背叛了你，因此，希望你不要恨他們。」孟嘗君聽完他的話，決定把刻在木板上的名字全部削掉、原諒他們。

寬容不是軟弱的表現，相反地，因為寬容，別人會產生歉疚的心理，就不會繼續欺負你了。要明白，記恨與報復，最後傷害的人還是自己，所以別和自己過不去。

有個故事是這樣的，一位女士帶著年邁的父親搭公車，可是上車後發現位子都坐滿了，她就指著博愛座上的另一位老人，要求他讓座。這位老人雖然比女士的父親年輕一點，卻也已經七十歲了，身體不大方便，就沒有起身，於是女士開始用不堪入耳的言語辱罵這位老人。

一會兒，老人起身讓座，但女士並沒有因此停止，還越講越生氣。其他乘客看不下去，想要制止她。最後，老人平靜地對女士說：「別罵了，會氣壞身子。」說完，車上一陣沉默。

老人沒有和女士針鋒相對，顯現出自己的胸懷和涵養，也讓那位女士感到無地自容。

硬碰硬正好讓他人的挑釁傷害自己，處事寬容才是解決之道。

有個蒙古年輕人很貧窮，於是他偷了一對老夫婦的牛，將牛宰殺後賣掉。結果這一切被老夫婦發現，年輕人很害怕，認為他們一定不會放過自己，可是這對老夫婦卻對他說：「我們知道你生活不容易，但殺生是大罪孽，我們不要賠償，只要你以後重新做人。」年輕人沒想到能被原諒，十分感動，決定悔過自新，便將原本準備宰殺的其他牛放掉，再也不殺生。

老夫婦雖然失去一頭牛，但是讓草原上多了一位好人。

就像故事中的老夫婦一樣，用寬容之心換回一個善良的靈魂。缺乏寬容就容易鑽牛角尖，陷入痛苦中不能自拔，所以時時刻刻懷有容人之心，就是善待自己最好的方式。

16. 事出必有因，多點同理心

寬廣的胸懷，不只在於能夠原諒，更好的是以德報怨，關懷他人。

來看個哲理小故事：有位禪師外出回家後，發現有小偷正在家中行竊，但他並沒有驚動小偷，而是靜靜地站在門口等待。

小偷逃出來，一頭撞上門口的禪師，正想著該如何逃脫時，禪師卻把自己的外套脫下送給小偷，並說：「你應該是來探望我的吧，這麼遙遠的路，真是辛苦，夜晚很涼，你穿這件衣服回去，別著涼了。」小偷接過衣服，不知所措地走了。禪師望著小偷的背影，喃喃自語地說：「可憐的人啊，但願我能送你一輪明月，照亮黑夜的路。」

隔日，禪師照例去竹林散步，回家時發現，昨日拿給小偷的衣服被整整齊齊地疊放在門邊，但他已經離開了。禪師非常高興地說：「看來我真的把明月送給你了。」

小偷偷了禪師的東西，禪師卻不在意損失，而是可憐對方生活辛苦，所以沒有拆穿他，並用關懷喚起他心中的慚愧。小偷則因為禪師的包容改邪歸正，這就是禪師說的：送他一輪明月。

擁有同理心，才能理解他人的行為。面對他人的傷害，我們可以多加思考背後理由，或許是生活所迫、鬼迷心竅，可能有什麼不得已。轉念一想，就能用關懷代替憎恨，多多思考能為對方做點什麼。

現實生活中也有送他人一輪明月的例子。

李銀是一名平凡的家庭主婦，她的丈夫經常加班到深夜，所以她每晚都等丈夫回來才睡。

有天半夜，等待丈夫的李銀感覺有小偷進入屋子，四處東翻西找。她嚇壞了，偷偷拿起手機傳訊息給鄰居，請他們幫忙報警。

小偷準備逃跑時，正好被抵達的警察抓住。警察從他身上搜出了一條翡翠項鍊，這條項鍊是丈夫送給李銀的結婚紀念禮物。

原來小偷是個年輕人，他害怕地向李銀發出求救的眼神。瞬間，李銀感到不忍心，於是向警方說：「放他走吧，這條項鍊是我給他的。」警察生氣的說：「不是妳叫人報警嗎？是在耍人嗎？」李銀說：「很抱歉，給你們添麻煩了。」警察抱怨一通後不悅地走了。

警察走後，年輕人不安地看著李銀，問她為什麼幫自己，李銀平靜地說：「你一定有你的原因。這條項鍊送給你，希望你永遠不再偷竊。我不知道這麼做能不能喚回你的良心，但我還是想給你一次機會。」年輕人滿臉淚水地感謝她。

幾年後，李銀收到一封信，寄信者就是當年受到饒恕的男孩。原來那位年輕人當時因為離家出走，沒有生活費才偷竊。男孩感激李銀的幫助，讓自己得以重新做人，成為一位有為的工程師。

李銀在決定吃虧的那一刻獲得了幸福，因為她把迷途的青年看得比自己的損失更重要，那位少年接受了一輪明月，成為了更好的人。有什麼比看到別人因為自己變得更好還高興的呢？一條項鍊換一個年輕人的未來，非常值得。

以德報怨，是一個傳遞愛心的過程。懷著同理之心對待別人、理解他人的苦衷並發自內心關懷，才能化解心中的不平和仇恨，拉近人與人之間的距離。

小道理大智慧

幽默是一切智慧的光芒，照耀在古今哲人的靈性中間。凡有幽默的素養者，都是聰敏穎悟的。他們會用幽默手腕解決一切困難，並把每一種事態安排得從容不迫、恰到好處。

——音樂家　錢仁康

Section 05

少一個敵人，就多一個朋友

17. 得理又饒人，才是最高招

雨果說：「最高貴的復仇是寬容。」他從精神層面解釋寬容。其實，從現實角度去理解也相當有意思。例如以下例子。

趙燕和于藍在公司是競爭對手。于藍做人老實，客戶都非常信任她，所以業績一直比趙燕好。

有年尾牙時，近視的于藍特別戴了新買的眼鏡，同事們都不停稱讚這副眼鏡很適合她。

總是輸給于藍的趙燕，看到這個情況，心裡相當不平衡，於是便大聲說：「我跟大家分享一個有關近視的笑話。有位近視很深的小姐要買鞋，禿頭老闆蹲下幫她量腳的尺寸，小姐看到老闆的禿頭，以為是自己的膝蓋，就趕快用裙子蓋住。老闆眼前一黑，開口大罵：『氣死人！剛買的保險絲怎麼又斷了？』」

講完，一陣哄堂大笑，有的同事開于藍玩笑說：「妳分得清禿頭跟膝蓋嗎？」于藍很尷尬，接下來的時間沒再說一句話。

一段時間後，公司進行制度改革。所有人每月必須達到目標銷售額，若是三個月內無法達成，就得自行離職。

公司為趙燕設定的銷售額比于藍高出很多，因為上級覺得趙燕比較資深，所以對她有更多的期待。于藍擔心趙燕無法達到目標，所以就把幾個老客戶介紹給趙燕。

苦苦煩惱業績的趙燕，因于藍的幫忙而獲得緩解。趙燕問于藍為何幫她，于藍說：「我們競爭這麼多年，都知道對方的狀況，妳的業績量突然變多，一定很煩惱。我的業務量減少了，所以轉幾個客戶給妳沒關係。」趙燕聽了後慚愧地向于藍道歉，于藍也寬容地接受，兩人從競爭對手變成朋友。

抱怨或想著復仇，只會讓彼此關係惡化；展現出善意，原諒對方，才能讓怨恨真正消失，就像下面這個例子。

小方是一位計程車司機，這個工作需要極度專注，而且非常辛苦。

但不巧的是他家樓上一家都是麻將狂，夜裡總是發出很大的噪音，讓他無法入睡，害得他白天甚至必須停在路邊小睡，才能繼續工作。

有天晚上，小方對妻子抱怨，說今天一定要去警告他們，請他們不要在夜裡打麻將，妻子反問：「他們會聽你的嗎？」小方說：「他們要是不聽，我就用鐵錘敲天花板，讓他們也試試被吵的感覺。」

妻子笑笑地告訴小方一個笑話：「有個人叫阿明，他對朋友說：『新鄰居好可惡，昨天半夜狂按我家門鈴。』朋友回他：『太誇張了，那你怎麼回？』阿明說：『我沒理他，繼續吹我的小號。』」

小方原本還納悶妻子幹嘛突然講笑話，後來總算明白，妻子是想勸自己不要這樣處理。小方鬱悶地問：「那怎麼辦？就讓他們繼續吵？」妻子回答：「我們跟樓上的也不太熟。這樣吧，我聽到他們的麻將桌發出咯吱的聲音，應該快要壞掉了，不如買張新的麻將桌送他們，至於吵的聲音，就暫時忍耐吧。」

小方雖然不爽，覺得憑什麼被吵還要主動買麻將桌送人，但禁不住妻子的勸，還是送了新的麻將桌到鄰居家，並與鄰居寒暄好一陣子，鄰居感激地收下意外的禮物。

之後的幾晚，樓上不再傳來打麻將的聲音。小方覺得奇怪，便在巧遇鄰居時問：「最近怎麼不打麻將了？」鄰居抱歉地說道：「對不起，我們不知道打擾到您休息，真的很失禮。」

原來，小方送的麻將桌，讓鄰居意識到，樓下連麻將桌搖動的聲音都能聽見，更不用說打麻將的聲音了。但小方不僅沒有罵人，還送了他們新的麻將桌，讓鄰居更加愧疚，就不再半夜打麻將了。

小方的妻子非常聰明，勸小方寬容，又教他用送禮的方法委婉指出鄰居的錯誤，既不用破壞彼此的關係，又可以完美解決問題。

《禮記》上說：「人有禮則安，無禮則危。」他人犯錯，干擾到我們，若是要反應，也該有禮貌的指出錯誤，給對方一個意識錯誤的機會，這比以牙還牙更有智慧。

18. 少一個敵人，就多一個朋友

馮夢龍的著作《增廣智囊補》寫道：「能容小人，方成君子。」歷史上成就大事業的人，都擁有包容他人的氣量。不計較別人的過失、不記恨他人的挑釁，才能與身邊的人和睦、融洽地相處。

美國前總統林肯進行就職演說時，有位參議員突然對他說：「林肯先生，別忘了，你永遠是鞋匠的兒子。」故意想讓林肯難堪。

沒想到林肯竟然開口感謝這位參議員：「謝謝你提起我過世的父親。我會記住你的忠告，因為作為一個總統，我永遠無法像他做鞋匠做得那麼好。」

說完，參議院陷入一片沉默。林肯繼續對那位參議員說：「我的父親也曾為你的家人做過鞋子，如果有什麼問題，我可以幫忙修理。雖然我不是偉大的鞋匠，但我從小就跟著父親學習修理鞋子。」接著，他又對在場的人說：「大家都一樣，只要是我父親製作的鞋子，我一定會盡全力為大家修理或調整。但有一點可以肯定，我父親的手藝是無人能比的。」說到這，現場響起一片掌聲。

之後，每當有人質疑林肯對待政敵的態度：「你為什麼想跟他們變成朋友？你應該想辦法打擊、消滅他們才對。」林肯總是溫和地回答：「當我們成為朋友時，政敵就不存在了。」

林肯是美國歷史上最偉大的總統之一，曾兩度當選美國總統，並簽署了《解放黑奴宣言》，對美國產生了深遠的影響。

後趙時期的開國君主──石勒，有次邀請所有同鄉一同飲酒。其中有個叫李陽的人，雖然收到邀請，卻沒有赴宴。

原來石勒還沒發達時，曾多次與李陽為爭奪東西而打架，石勒打不過李陽，常常挨揍。李陽怕他追究，因此不敢赴宴。石勒卻大度地說：「那是以前的事，我並不會記恨。況且李陽非常健壯，應該受到重用，為國效力。我不僅不會追究，還會給他一個好職位，以免浪費人才啊。」接著便派人將李陽請來，與他一起飲酒，讓他放下無謂的擔心。

之後李陽果然盡忠職守、忠心耿耿，幫石勒出了許多好主意。

寬容是一種為人處事的智慧，既可以為我們贏得朋友，又可以將大事化小，小事化無。

中國河北的邯鄲市有個巷子名為「回車巷」，這個巷子因為廉頗負荊請罪的故事而出名。

趙國宰相藺相如有功被封為上卿，官位在廉頗將軍之上。廉頗不服地說：「我是趙國將軍，有攻城野戰的大功，藺相如只不過比較會說話，況且他原本只是個平民，地位為何可以在我之上？這一切對我來說實在太侮辱。」揚言以後遇見藺相如，一定要羞辱他。

廉頗出言不遜，大家都很生氣，但藺相如卻要求大家不要記恨，而且為了避免爭端，還常常讓著廉頗。每當廉頗上朝時，他都以生病為理由請假。有日，藺相如在一條小巷子看見廉頗，為了避免爭吵，他便回頭躲開，這就是回車巷的由來。

由於藺相如一直躲避，他的門客十分羞愧地說：「我們之所以侍奉您，就是仰慕您高尚的節義呀。他口出惡言，您卻一味閃躲，我們覺得很丟臉。請讓我們離開吧！」

藺相如聽後反問門客：「你們覺得廉將軍和秦王誰比較厲害？」大家回答：「當然是秦王。」他又說：「既然秦王這麼厲害，我都敢呵斥他、羞辱他的臣子，難道我還會害怕廉頗？我之所以迴避，是考慮到，最強的秦國不敢攻打我們，就是因為有我和廉將軍，要是我們兩人真的起衝突，勢必不能共存。我忍讓，是因為國家的安全才是最重要的，個人恩怨又算什麼呢？」

此話傳到了廉頗耳裡，他感到非常羞愧，於是便脫去衣物，背上荊條，親自上門向藺相如請罪。兩人從此化解矛盾，齊心報效國家，成為生死之交。藺相如用寬容化敵為友，保全了大局。

19.・宰相肚裡能撐船，那你呢？

大家都聽過「宰相肚裡能撐船」，就是教人寬厚大度、豁達仁義。下個故事出自蜀國的宰相蔣琬，他就是這句話的典範。

蔣琬有位下屬名叫楊敏，蔣琬與他說話時，他都只應不答。但是蔣琬從不計較，只說楊敏個性木訥，不善言辭。其他下屬氣不過，要求蔣琬懲罰他來樹立威信。

蔣琬坦然笑笑：「要他當面讚揚我，不符合他的個性。他發現我的錯誤之處，卻不當面反駁我，是為了替我保留面子，所以才常常不回答，這就是他的可貴之處。」蔣琬不但不生氣，還替楊敏解釋，大家都稱讚他宰相肚裡能撐船。

在高位之上，沒有過人的氣魄，不能讓大家信服。蔣琬忍一時之氣，為自己贏得了名譽，大家看到他如此有度量，自然願意跟隨。

歷任宰相的賢人，都懂得以氣量收服人心，蔣琬如此，呂端亦是。

北宋名相呂端在位時，曾因遭奸人陷害丟官。回到家鄉後，他發現家中正在大肆慶祝，原來是弟弟結婚。鄉里有頭有臉的人都前來共襄盛舉，這些人一見到他，又是行禮又是磕頭。呂端連忙解釋，說自己被革職，現在是一介平民，希望大家不要多禮。

話剛出口，那些行禮的人全部都變了臉，有些直接走人，有些甚至嘲弄他一番，讓呂端更加落魄。婚禮才進行到一半，這下不光是呂端，連他的家人也感到難堪。

就在大家散去時，村外傳來馬蹄聲，原來是皇上洗刷了呂端的冤屈，恢復了他的官職。這下，剛才離去的賓客都傻眼了，個個賠著笑臉來向呂端道歉。

呂端的書僮站在一旁，生氣的罵道：「膽敢戲弄我家大人，真應該摘掉你們的烏紗帽。」大家嚇壞了，更加用力地磕頭請求原諒。呂端連忙制止說：「既然意識到錯誤，改過自新就好了。」呂端沒有懲罰任何人，也不怪罪那些趨炎附勢的賓客。

呂端一路平步青雲，都與他寬厚待人有關。

說起宰相肚裡能撐船，還有一個人不能不提，就是著名文學家王安石，他也以氣量寬宏而聞名。

王安石的妻子很早就過世了，後來納了一位小妾，名叫姣娘。王安石每天忙於政事，沒有空陪伴她。她耐不住寂寞，就和府上的僕人偷偷私會。

王安石知道消息後非常生氣，想設計兩人，打算抓姦在床。正當王安石準備推開門時，他突然想到，姣娘年輕、美麗，又琴棋書畫樣樣精通，是自己怠慢了她，若是現在衝進去，她以後要怎麼做人呢？

接著，王安石悄悄退出去，用樹枝捅了樹上的鳥窩，鳥兒受驚亂飛，僕人嚇到便從後窗逃走。

之後王安石一直裝作不知道此事。直到中秋節賞月，王安石隨口吟詩一首：「日出東來還轉東，烏鴉不叫竹竿捅。鮮花摟著棉蠶睡，撇下乾薑門外聽。」精通詩詞的姣娘一聽，便知醜事被發現，羞愧難當。但王安石念及姣娘年輕貌美，覺得與自己在一起是耽誤了她，便賜予姣娘很多銀子，讓她與僕人離開了。

在古代，紅杏出牆是絕對不可被饒恕的。王安石卻能站在對方的立場，理解並原諒她，這是多麼可貴。聽到這件事的人，都沒有因為姣娘紅杏出牆的事嘲笑王安石，反而誇獎他大度寬厚。

有氣魄的人不會苛刻待人，而是會站在他人的立場，理解並體諒。

20. 氣量，是成大事的法寶

古今中外的大人物，都能忍人所不能忍，容人所不能容，因此，他們贏得人心、化險為夷，成就豐功偉業。

武則天作為中國歷史上唯一的女皇帝，能打破傳統得到天下，也與她過人的氣量有密不可分的關係。

在古代，很多人無法接受女人當皇帝。將領李敬業因此起兵造反，並請當時有名的文人駱賓王草擬了一篇撻伐武則天的文章。文章氣勢磅礡，劈頭蓋臉地侮辱了武則天一番。

但武則天看完文章，不但沒有生氣，還大大讚賞了作者的文采，指他是難得一見的人才，並積極詢問作者是誰。知道是駱賓王後，也完全沒有責怪他，而是嘆氣說：「這麼有才華的人竟然造反，實在是因為我留不住人心。」

武則天對於駱賓王的聲討不計較，反而檢討自己讓有才華的人當了叛賊，可以說一介女流也有大人物的氣量，才能忍受如此侮辱。

美國前總統尼克森（Richard Milhous Nixon）競選時，也有位強烈反對的人，此人名叫基辛格（Henry Alfred Kissinger）。即使尼克森順利當選，基辛格還是一再挖苦他。有次甚至在公開場合直接出言諷刺：「尼克森根本治理不好美國。」

對於基辛格的攻擊，尼克森一點都不介意，反而提拔、重用他。時間久了，終於讓基辛格放下成見，決定傾盡全力幫助尼克森，最終也憑藉淵博知識和過人膽識縱橫國際。

尼克森以他寬宏大量的胸襟，贏得基辛格的尊敬和忠誠，成就了自己的政治生涯，也在歷史上留下一段美談。

武則天和尼克森都是領導國家的人，他們需要有才能的人幫助自己，此時，氣量就是他們的法寶。若是沒有過人的氣度，就會失去人心，更不用說成就一番大事了。

楚漢戰爭時，有人建議項羽在關中建都稱王。項羽沒有採納，此人便發起牢騷，諷刺項羽是一隻戴帽子的猴子。

項羽勃然大怒，便下令殺掉他作為警告。這個人一死，大家都非常害怕，之後即使有好建議也不敢對項羽報告，深怕哪天丟了性命。

項羽身邊的人才漸漸離他而去，沒有好的計策，項羽節節敗退，最後輸掉了天下，在烏江邊自殺；反觀劉邦，他對於別人的指責和侮辱都不計較，始終將天下大事放在第一位。

楚漢戰爭前，有位高陽縣的老人酈食其來拜見劉邦，當時劉邦在洗腳，酈食其指責他沒禮貌、不懂得禮儀。劉邦沒有發怒，反而趕快道歉，速速把酈食其請上座。酈食其對於劉邦的謙遜有禮、懂得反省很滿意，便提供了一個優秀的計策，讓劉邦順利取得咸陽。

劉邦做人大度，禮賢下士，有才華的人紛紛投奔他，例如韓信、黥布，都是鼎鼎大名的人物。儘管他的實力遠不如項羽，最後還是用寬宏肚量贏得了天下。

成大事的人，總能分得清輕重緩急。一心只想著成就事業，沒時間計較別人對自己的侮辱。吃了虧就大度對待，反而可以留下大氣的印象，讓人產生敬佩之心。

小道理大智慧

海納百川有容乃大，
山高萬仞無欲則剛。

——清代大臣　林則徐

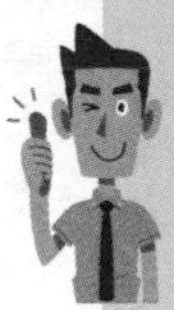

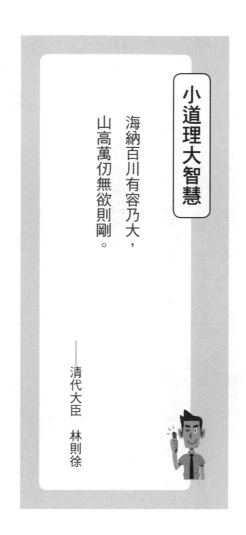

Section

06 幫助對手，你能贏得3個好處

21. 給他面子，你會贏得裡子

若是有人踩了你，還要你微笑向他示好，可能會讓人覺得憑什麼。然而，為了避免衝突擴大，我們應該記住一句話：「得饒人處且饒人」。吃虧時，學會努力讓自己平靜，試著原諒、寬容待人。

我們可以透過以下的故事，懂得得饒人處且饒人的真諦。

有天夜裡，一位老禪師在寺院裡閒逛，看見牆邊有把椅子，他覺得應該是小和尚趁著夜色翻牆出去玩，便移開椅子，原地蹲下等待。

不一會兒，果然有個小和尚翻牆進來。小和尚沒仔細看，發現踩到老禪師後，驚慌失措地向老禪師道歉反省，但老禪師只說：「天色晚了，別著涼，快進屋吧。」

事後，老禪師什麼都沒說，也沒有責罰小和尚。可這件事卻還是傳開了，大家都敬佩老禪師的度量，再也沒有人偷偷翻牆出去玩了。

老禪師的大度，讓小和尚深刻反省，連帶讓其他人出於敬重，不再犯一樣的錯。有時，嚴厲的斥責會傷害他人的自尊心，即使出於好意，也很難帶來正向效果。我們應該以不傷害他人為前提，多多體諒，溫和恰當地幫助別人。

東漢名將班超，也是因為懂得這個道理，盡責地穩固了邊疆事務。

班超出使西域，想與龜茲國交好，但該國強烈反對，班超沒辦法，只好轉而結交龜茲國的鄰國——烏孫國，打算聯合烏孫國攻打龜茲國。烏孫國非常樂意與漢朝結盟，便派出使者到長安訪問。

烏孫國的使者考察完，漢章帝派衛侯李邑帶人護送他回國。路途中經過天山南麓，此地正好有龜茲國和疏勒在此地交戰。李邑因為害怕龜茲國強大的軍力，不敢繼續前進，便上書朝廷，文中直指，班超想聯合烏孫國攻打龜茲國的方法一定會失敗，並在文中詆毀班超不忠，指他安於享樂，不思中原。

班超得知消息，也上書為自己辯解，但在奏摺裡只說明攻打龜茲國的原因，沒說李邑一句壞話。漢章帝不糊塗，他知道這件事是李邑從中挑撥。為了懲罰李邑的不仁之心，下旨讓他到班超的手下做事。

李邑因為心虛，所以害怕班超會因此報復，不料班超卻以禮相待。手下們不理解，問班超為何不計較。他回答：「只要忠心做事，就不怕別人說三道四，我若是計較，反而失了氣度，況且公報私仇，不是忠臣該做的事。」李邑聽說後，感到十分慚愧，再也沒有誹謗過他人。

與人相處，能不計較就別太計較，替對方留點面子，保護對方的自尊，讓對方心悅誠服，是人際交往的重要法則，也是避免多餘困擾的關鍵。

劉邦有日設宴招待群臣，席間，他當眾人的面，宣布封雍齒為侯。

說到這個雍齒，他在劉邦起兵時投奔魏國，給劉邦帶來不少麻煩。後來又投奔趙國，效忠於張耳。會回到劉邦身邊，是因為張耳最後跟隨劉邦，劉邦才收留了他。

以前劉邦忙著打天下，沒時間殺他，現在天下已定，為什麼劉邦沒殺他，反而將他封侯呢？

雍齒封侯，其實是劉邦的高明計策。當時天下已定，劉邦論功行賞，也將所有不服從的人都殺了，讓很多人都起了戒心，害怕劉邦會殺死自己，所以開始有人想要謀反以求自保。劉邦此時當眾封侯，就是要向天下表明自己的氣度。讓想謀反的人認為，連雍齒都可以原諒，那麼自己也不需要害怕，就紛紛放棄謀反的心思了。

一個人能受到大家的尊敬，往往不在於其能力大小、知識多寡或是樣貌如何，而在於擁有寬廣的胸懷，能容人所不容。只要不計較得失，得饒人處且饒人，就能恩惠別人，造福自己。

22. 幫助競爭對手，有3個好處

為朋友付出很正常，為陌生人付出也可以理解，但為對手付出就比較困難了。

為什麼要為競爭對手付出呢？為競爭對手做事，不僅沒有回報，而且代價往往是損害自己的利益。這麼明顯吃虧的事，為什麼要做呢？乍聽難以理解，但其實這彰顯出一個人成熟的心態。吃虧是福，為競爭對手付出，或許能有特別的收穫。

(1) 展現寬闊氣度

一九九二年，美國大選如火如荼地進行著，兩位候選人——柯林頓（Bill Clinton）和布希（George W. Bush），在競選辯論會中分別發表政見，為自己爭取支持者。

首先由布希開始，他將柯林頓罵得狗血淋頭，批評柯林頓的政見沒有實際作用，無法做一位好總統。

輪到柯林頓時，他開口便感謝布希與自己競爭，讓自己有進步的機會，接著開始稱讚布希的種種貢獻，說他無論什麼時候都做得很好。感謝完布希，又提到另一位政敵佩羅（Henry Ross Perot）。結尾時還慎重呼籲大家要團結起來，在未來四年忠誠地替國家服務。

柯林頓的演講讓大家驚訝，他竟在最後拉票的緊要關頭表揚對手，完全沒有批評任何一位候選人。這樣的他贏得了眾人的好感，大家紛紛稱讚他的風度與度量。

選舉結果出爐，柯林頓擊敗所有對手，以接近半數的支持率成為新一任總統。聽到這個消息，對手布希最先打電話祝賀，並叮囑柯林頓：「白宮是個累人的地方，希望你時時用心。」

競選中的演講有多重要，柯林頓比誰都清楚，但他卻放棄宣揚自己的好機會，轉而誇讚對手，表現出非凡的氣量。正因如此，贏得了國民的好感，也讓對手放下恩怨，誠摯地祝賀他當選。

(2) 體現非凡自信

楊瀾是位有名的主持人，她既不是廣電學院出身，也不是藝術學校畢業，想進入新聞界非常困難。她唯一的優勢，就是擁有優秀的英語口說能力。當時正巧有個節目在徵求主持人，其中一項要求就是語言能力，她決定鼓起勇氣一試。

競爭十分激烈，最終只有楊瀾和另一位女孩脫穎而出。

最後一道試題很簡單，製片人要她們五分鐘後用英語談談，為什麼自己喜歡這個行業。

然而，製片人卻發現，時間緊迫的狀況下，楊瀾不僅快速地完成作答，還指導她的競爭對手。製片人很好奇，詢問她為何願意幫助對方，楊瀾輕描淡寫地說：「別人有困難，我就順手幫幫她而已。」

這位製片人，就是有名的導演辛少英。他談到當年這件小事，讓楊瀾在他心中留下深刻的印象，他說：「當時只有幾分鐘的時間，兩個人都想獲選，但她竟然還願意輔導別人，我覺得這個女孩非常特別，深入瞭解她後，發現她能力出眾，所以最終選擇了她。」

在競選最後關頭，難道楊瀾不怕對手贏過她嗎？當然不是，她比誰都珍惜這得來不易的機會，但因為她對自己有十足的信心，所以幫助別人也沒有關係，自然願意伸出援手。

看看身邊那些一點虧也不肯吃的人，通常都缺乏自信，往往沒有什麼出息；相反地，**不怕吃虧的人，通常是自信又大度的人，這樣的人更能從容地為自己爭取成功。**

(3) 為未來打穩根基

有位菜販的生意是菜市場裡最好的，大家因為嫉妒，總是把垃圾堆在他的攤位前。他也不生氣，還每天提早起床，清洗自己與周圍的攤位。久而久之，大家越來越喜歡他。

後來，大家建議他把市場承包下來，他瞬間變成了市場經理，身邊也多了很多餐飲業的朋友。他不僅幫助大家賣菜，甚至幫助其他競爭的市場。其他市場為了表示謝意，也介紹更多客源給他。就這樣，他的生意越做越大，成為菜市場界的霸主。

這位先生，正是憑藉著為競爭對手做事，拓展了自己的事業。為對手做點事，讓對方成為自己事業上的助力，這是非常聰明的做法。

當我們擁有成熟的心態，就會更加大氣、自信，甚至能為競爭對手付出，雖然表面上吃了虧，但最終會收穫珍貴的人生財富。

23. 多為別人著想，以大局為重

歷史上受到大家尊敬的人，個個心胸豁達，即使吃虧受委屈，也不會因此報復，反而處處為人著想。

北宋文學家歐陽修以著名的文章〈醉翁亭記〉名揚千古。他才華橫溢、性情敦厚、光明磊落、胸懷坦蕩、從不計較個人恩怨。

他曾向皇帝推薦三位可以擔任宰相的人選，分別是：呂公著、司馬光和王安石。這三個人都與歐陽修不睦。

呂公著猛烈攻擊過歐陽修；司馬光與歐陽修長期政見不和；王安石則十分固執己見，不願與歐陽修交往。可是，歐陽修不但不加以報復，反而將他們推薦給皇帝。這種寬大為懷的品德深受世人讚頌，成為後人的榜樣。

吃虧，勢必得謙讓、犧牲，但如果能惠及他人，又有什麼不好呢？歐陽修放下個人恩怨，為國家舉薦人才。這種處處為他人著想的人，才能贏得大家的尊重和敬仰。

還有一則感人的故事，來自閔子騫敬愛母親的美談。

閔子騫是春秋末期魯國人，他的生母很早就過世了，後來爸爸再婚。閔子騫非常孝順，對待繼母如同生母一樣。

繼母非常討厭閔子騫，總是在丈夫面前說他的壞話，挑撥兩人關係。

有年冬天，天氣非常寒冷。繼母給兒子們做衣服，她在親生兒子的衣服內裡鋪了十分暖和的棉花；閔子騫的卻是無法禦寒的蘆花，有穿跟沒穿一樣。繼母還向丈夫抱怨閔子騫太嬌生慣養，才一直喊冷。

一天，父親要外出，閔子騫為父親駕駛馬車，但他的手凍得拿不穩韁繩，害得馬車差點掉下懸崖。父親非常生氣，拿起馬鞭抽打他，直到把閔子騫的衣服都被打破了，見到飛出來的蘆花，父親才明白了一切。

父親回到家後，氣得要將狠毒的繼母趕出家門。但閔子騫跪在父親面前，哭著幫繼母求情：「繼母在，僅僅是我一個人寒冷。若您將繼母趕走了，另娶他人，假如下一位繼母又有了親生兒子，我們三個孩子就都得穿蘆花衣了。」

繼母愧疚之餘大受感動，下定決心改過自新。從此，把閔子騫當作親生兒子對待。

受到這樣的虐待，一般人是忍受不了的，但閔子騫選擇寬容繼母，還不計前嫌替她求情，這就是善良。這個故事流傳至今，世人無不稱頌。

將他人看得比自己重要，才能不計較個人恩怨，吃這樣的虧，是高尚品德的體現。

小道理大智慧

一個人的價值，應該看他貢獻什麼，而不是取得什麼。

——物理學家 愛因斯坦（Albert Einstein）

Section 07

闖蕩社會，絕對要知道的7件事

24. 對你來說，最重要的是什麼？

在蘇格蘭有位老人，沒有子女，老伴也很早就去世了。他年紀漸大，身體漸漸衰弱，於是想賣掉自己的房子，搬到養老院，而這棟房子的屋況以及地段都相當不錯。

消息一出，想買房的人蜂擁而至，房價被越炒越高，最後竟然達到十萬英鎊（約新台幣四百萬元），價格還不斷攀升。

有日，一位貧窮的青年來看房，老人看他穿著樸實，不像是買得起房子的人，便問他是否來替別人看房子。

青年回答：「我只是一個打工的窮學生，買不起。但我很喜歡您這棟房，看房是為了激勵自己努力工作，期許以後可以住在這樣的房子裡。」看完房，老人順勢邀請青年在家裡喝茶，兩人愉快地聊了一下午。

告別時，老人詢問青年帶了多少錢。青年不好意思地掏出口袋，裡頭只有一英鎊（約新台幣四十元）。老人微笑著說：「我願意把這間屋子以一英鎊賣給你，但我還是會住在裡面，如果我生病了，麻煩你照顧我，而我過世後，這間房子就屬於你。」青年不可置信，但仍欣然接受了老人的提議。

老人以一英鎊賣出房子的事，很快成了當地的頭條新聞，大家都認為他老糊塗了，竟然放棄十萬英鎊，選擇賣給一個窮小子。

其實，老人在和青年聊天過程中，發現他是一個心地善良的孩子。老人想，自己沒有孩子，留下賣房的一大筆錢也沒用。對他來說，最珍貴的是有人陪伴的晚年。以後有了青年的陪伴，不用在養老院孤獨地死去，就是最划算的了。

如此看來，老人顯然沒有吃虧。他懂得自己要什麼，從他的角度來看，一英鎊換一個幸福的晚年，才是真正佔了便宜。

這個道理一樣可以運用在企業上，讓我們看看以下的例子。

二〇〇六年，湯姆無線互聯網（TOM Online Limited）進軍中國市場，和易趣電子商務公司（EachNet，二〇〇二年，易趣與 eBay 合併，更名為 eBay 易趣）合作。在雙方交易中，易趣投資四千萬美元（約新台幣一億兩千萬元），拿到百分之四十九的股份；而湯姆用兩千萬美元（約新台幣六千萬元）就獲得百分之五十一的股份。

易趣怎麼會做賠錢的生意呢？事實上，易趣的執行長是一位精明的女性，她心裡早有打算。當時，湯姆剛起步，正是缺錢的階段，而易趣正好能提供財務支援。

打從易趣進軍中國以來，連續虧損，究其原因就是C2C業務（個人與個人之間的電子商務）難以處理，而且還要承受網路交易龍頭淘寶的壓力，讓易趣非常困擾。

易趣提供高額資金，卻拿取較少股份，正好符合湯姆的需求。易趣表面上吃虧，但實際上，被湯姆收購的業務，正是易趣最頭痛的C2C

業務。易趣推掉了讓自己虧損，且無法處理的業務，又保留了具有特色的跨境業務，公司壓力自然減輕。

雖然易趣的股份佔少數，但仔細計算分紅，反而比以前賺得多。在源源不斷的利潤面前，失去的股份也就不那麼重要了。

易趣的商業策略就是捨小求大，便宜別人但也不讓自己吃虧，反而從中獲得更大的好處。聰明人都知道，用小虧能換得更大的利益。

以下這則例子也是同樣道理。有位中小企業的董事長，常常給員工額外的福利。除了假日加班工資以三倍計算外，只要平日加班，他都會親自包紅包，附上感謝信，送到每一位員工手上。

對於這些額外的開支，他從不計較，還常常稱讚自己的員工。每次只要有新員工報到，或是有人晉升，他也會親自買禮物送上祝賀。

這位老闆知道，自己的公司不大，員工也不多，做這些事並不困難。他的付出，會讓員工抱持感激的心，對公司更加忠心。公司人員固定，人才不會流失，才能維持穩定運作。

後來發生金融風暴時，很多同業都倒閉了，這家公司卻在員工的齊心協力下，渡過了危機。

這位老闆非常聰明，這些行為雖然增加了額外開支，但是這份人情，卻創造出更大的價值。

便宜有大有小，有的人眼界狹窄，死都不讓人佔便宜，卻忽略了便宜別人，也能惠及自己的道理。要將眼光放遠，不要為小事斤斤計較，有時吃點小虧，反而可以換取想要的利益。

25. 難得糊塗，以和為貴最重要

當與他人產生利益衝突時，我們自然而然會保護自己；若是激烈對抗，只會使矛盾愈演愈烈。但是多數人都忽略了，在表面利益之外，也許還有無形的利益。與人對抗到底，並不會讓自己顯得精明，因為哪怕是小爭鬥，也可能引發連鎖反應，演化成大危險。精通世故的人，都懂得防微杜漸以遠離危險。

宋朝尚書楊玢（音同冰）晚年辭官回鄉。有段時間，他家後院總是傳來吵雜的聲音，管家派人去看，原來是鄰居想要蓋新房子，便私自鑿掉楊玢家的後牆，侵佔他家一半的地。

管家將這件事告訴楊玢的侄子們，大家非常氣憤，寫好訴狀就要上告鄰居。而楊玢知道這件事後，馬上將侄子們集合起來，詢問他們：

「我們兩家，誰家比較大？」侄子們回答：「我們的比較大。」他便接著問：「佔了我們的地後，誰家比較大？」侄子們又回答：「還是我們的大。」楊玢便說：「那就好了，不用告他們了。」

侄子們看著楊玢，感到十分不解。接著，楊玢指著窗外的落葉說：「樹葉長在樹上，但總有枯萎的一天。就像我們家再大、錢再多，也總有死去的一天，所以毋須在意這些。」楊玢要侄子們放下私利，遇事退讓一步，不必斤斤計較。

侄子們了解楊玢的意思，決定不再追究。倒是蓋起新房的鄰居，因為對楊家人感到不好意思，常常上門拜訪，兩家相處得更融洽了。

由此可知，楊玢是個大度的人，他看透世事，超脫了世俗利益的牽絆，是常人難以做到的。從另一個角度來看，他決定這麼處理，也是因為歷經多年的官場生涯，深知以和為貴的重要。

我們總是可以在古今中外的大人物身上學習到這種胸懷。吃虧不計較，不僅可以省去麻煩，有時可以換取更大的利益、維護自己的名聲，接下來看看于右任的例子。

于右任是近代著名的書法家，許多有權有勢的人都爭相收藏他的作品。很多人因為買不起，就隨便找人代筆，署上于右任的名字，掛在自己店裡招攬顧客。

有日，于右任的學生在一家餐館，看到一塊署有老師名字的招牌。招牌上的字歪七扭八，下筆輕重不分，一看就知道不是老師的作品，這位學生趕緊回到學堂將這件事告訴于右任。

于右任聽到後，緩緩放下筆問：「招牌上的字寫得怎麼樣？」學生趕忙回答：「歪斜難看，連我都覺得丟臉。」于右任立刻著急地詢問餐館的地點及店名。學生以為他要去理論，誰知于右任拿出筆墨，提筆寫下餐館的名稱，寫完還蓋上自己的大印。

學生不解，詢問老師為何這麼做。于右任回答：「別人盜用我的名聲，代表他們認可我。既然如此，不如送上一幅我寫的招牌，以免盜用的人寫得太難看，毀了我的名聲。」學生馬上把老師的真跡送到餐館。

餐館主人收到後，既驚喜又愧疚，沒想到大師不僅不計較自己貪小便宜，還送上真跡，不禁深深感激。

于右任的做法，體現了他的大度，同時維護了自己的名譽。他用「難得糊塗」的方式，應對別人侵犯自己的利益，胸襟寬廣，非常睿智。

能吃虧的人不會與他人爭執，也必然會受人尊敬，歷史上有很多因此留下美名的人，宋代的王旦也是其中一位。

王旦和寇准性格迥異，各有才華，兩人都是朝廷的重臣。

宋真宗時期，這兩人都任職於中央樞密院。寇准總說王旦壞話，王旦卻總是稱讚寇准。宋真宗覺得很奇怪，就問王旦為什麼不僅不在意，還總是幫他說話，王旦說：「我並沒有聽到他說我的壞話，就算有，也一定是我有所失職，他能指出我的錯誤，代表他為人耿直。而且寇准是真的才華過人，我只是實話實說罷了。」

有次王旦的手下犯錯，寇准馬上向宋真宗報告，王旦因此受到責備。不久，寇准的手下也犯了錯，王旦卻將上呈的文件還給寇准，請他主動改正。

就是因王旦每次都不計較、不報復，還總是不計恩怨地舉薦寇准，所以寇准最終放下成見，發自內心佩服王旦，往後逢人就誇獎他。

用難得糊塗的態度面對吃虧，可能會有更多收穫，就像王旦用吃虧換得了寇准的尊敬，也贏得更多人發自內心的敬佩。

大事上不能糊塗，但無傷大雅的事情上，我們不妨糊塗，反而能讓雙方更好過。這並非軟弱，而是一種灑脫的生活態度，也是寬容性格的體現。

26. 權衡得失，換取最大的成功

《論語》云：「小不忍則亂大謀。」

春秋五霸之一的晉文公，在登基前受到弟弟的追殺而四處流浪。有天，晉文公因飢餓，向路邊的農夫討飯吃，誰知那位農夫竟嘲弄地撿起一把土交給他們。

農夫的無禮惹怒了晉文公，他氣得當場就要殺掉農夫，但隨從狐偃立即勸阻他說：「主君，泥土代表大地，這可是稱王的兆頭。」晉文公聽後，壓下怒火，轉而恭敬地把泥土收了起來。

表面上，狐偃用一句話化解了衝突，讓正在氣頭上的晉文公稍微消氣，農夫也因此撿回一條命；但深入思考，當時晉文公正在逃亡，最忌諱的就是不必要的事端，假如晉文公一氣之下殺掉了農夫，很可能暴露出行蹤，陷入更大的危機。

狐偃的處理方式從容大度，晉文公也是位聽得進勸告的明君，兩人用忍耐換取了安全。如果晉文公連這點小委屈都忍不下，日後也無法成就一番事業，成為赫赫有名的春秋五霸之一。

這是晉文公的一則軼事，而更有名的例子來自名著《三國演義》中的「周瑜打黃蓋」。

三國時期，三強鼎立，魏國曹操勢力強大，於是吳國和蜀國便聯合對抗之。曹操為了反擊，派出蔡中、蔡和兄弟到周瑜的大營裡詐降。

在這之前，周瑜和諸葛亮早已想出一個妙計，還在思考如何讓曹操中計，這下他自己送上門，當然是立刻假裝上當，將蔡氏兄弟接到大營裡。

巧的是周瑜的手下黃蓋也獻上一計，剛好與諸葛亮的計策不謀而合，所以周瑜告訴黃蓋，需要有個人來承受皮肉之苦，才能讓曹操上當。黃蓋馬上表示願意配合演出這場戲，以報答主公的知遇之恩。

隔日議事時，周黃主僕二人便上演了一場爭鋒相對的戲。先是周瑜提出要預支三個月糧草，被黃蓋當面反駁，接著黃蓋又數落周瑜，指一個月內攻打曹操，根本是天方夜譚，不如早日投降。聽到這種長他人志氣滅自己威風的話，周瑜順理成章地憤怒了，他大聲呵斥黃蓋，要將黃蓋逐出帳外。誰知黃蓋仗著自己的資歷不願聽話，擺出倚老賣老的樣子。

兩人的爭吵越來越激烈，周瑜下令殺了黃蓋。黃蓋這個人既有才華又勞苦功高，大臣們紛紛出來替他求情，周瑜不聽，還將求情的人都處以棍刑。最後，因為所有人都跪下來求周瑜，看在大家的面子上，才決定改罰黃蓋五十棍。

就這樣，黃蓋被當眾脫去衣服，打了五十大棍，且為了讓曹操上當，下手極重，不久黃蓋皮開肉綻，昏死過去好幾次，讓人膽戰心驚。

黃蓋被打成這樣，任誰都不會覺得這場戲是演的，蔡氏兄弟便中了周瑜的計，立刻向曹操密報此事。接著，黃蓋請知道實情的闞（音同看）澤替自己送詐降信到曹操大營，即使狡猾如曹操，也絲毫沒有懷疑。

有了黃蓋這個先鋒，後面的計謀輕鬆不少。龐統潛進曹操軍營，為不諳水性的魏軍獻上「連環計」，讓魏軍將所有船隻連在一起。

一切準備就緒，黃蓋與曹操約定當晚投降。曹操風光得意地站在相連的船上觀看，不料，在距離曹操所乘之船的不遠處，來詐降的船隻卻突然起火，不僅燒到相連的船，還連帶燒到了岸上的軍營。曹操大軍無處可躲，潰不成軍。

赤壁之戰，曹操元氣大傷，吳蜀二國完成了歷史上的傳奇戰役。黃蓋在這之中，扮演了關鍵的角色，用皮肉之苦換得曹操的信任，改變了戰爭局勢。

從黃蓋的角度來看，他年事已高，五十棍杖刑幾乎要了半條命；但是從整個赤壁之戰來看，這是最關鍵的一環，黃蓋的損失換來了最大利益。

眼光長遠的人懂得權衡得失，晉文公是如此，黃蓋也是。做人做事應忍下一時一刻的損失，以換取最大的成功。

27. 佔便宜的人才是傻子

人們會感覺到吃虧或者佔便宜，都是因為欲望。世上充滿著誘惑，若是過分地索取，最終反而會失去一切。因此，我們得分清楚真正重要的是什麼，切莫因小失大。

網路上有這麼一個故事。小趙是一家餐館的收銀員，有天早晨，一位顧客在結帳時把一百元弄掉了。這個顧客總共買了八十元，但是錢包裡的零錢只剩七十元。顧客以為沒帶夠錢，就求小趙先替他賒帳，並保證下班後一定還錢。小趙其實早就發現顧客掉了錢，但是因為貪心想要佔為己有，所以便爽快的答應顧客。

換班時，小趙把一百元放進收銀櫃裡，自己拿了九十元，高興地下班了。誰知接班的人一查帳，卻發現這張一百元是假錢，立刻向老闆報告。

老闆詢問小趙為什麼會有假錢，小趙只好說出實情。老闆聽了後很生氣，決定將小趙開除。臨走之前，還勸告他，若是喜歡佔小便宜的毛病不改，遲早會吃大虧。

我們應該在意的，絕對不是眼前的小利益，那些只是成功路上的絆腳石，會妨礙我們取得真正重要的東西。再看看以下這則故事。

美國有個多爾納家族，共四十多人，他們在一八四六年冬天打算集體移民到加州。

這年冬天下了一場大雪，阻斷了道路，他們使盡全力，想要將載著全家族財物的馬車推出關口，但怎麼樣都辦不到。若想逃出，就只能扔下財物，冒險出去尋求救援。

整個家族沒有人願意放棄財物，便決議原地等待。但他們帶來的食物很快就吃完了，加上暴風雪使氣溫驟降，陸續有人死於飢餓和疾病。到了第四十天，仍然沒有救援隊趕來，多爾納家族只好派兩個人出去尋求救援。

出來求救的兩人發現，不遠處就有村莊，完全是徒步可到達的範圍。於是趕緊向村民求助，很快就將剩下的人平安救出。

消息傳出，大家都很震驚，這麼長的時間，整個家族竟然沒有人願意出去求救，只因為不想放棄財物，導致一半的人失去性命。

這個故事說明，認清真正重要的事，捨得眼前小利，才能避免日後吃大虧。

三株公司是一家以製造藥品為主的大型企業，最初以保健品起家，之後生產一款熱銷商品——「三株口服液」，漸漸成為山東省最大的民營企業之一。創立以來穩定發展，在業界口碑也相當不錯。

一九九六年某天，一位名叫陳然之的男人，要求三株公司賠償人民幣三百萬元（約新台幣一千三百萬元）。因為他認為，父親是因為喝下三株口服液，導致高蛋白過敏反應才去世的。

三株公司則否認，按照證據，無法證明這件事是由自家產品所引起，況且口服液上也有特別標註，請患者評估自身狀況再進行購買，公司不承擔責任。因此，三株公司拒絕賠償。

一九九七年，陳然之告上當地法院。隔年三月，結果出爐，三株公司敗訴，按照判決結果，必須賠償陳然之近人民幣三十萬元（約新台幣一百三十萬元），還因商品檢驗不合格，得上繳人民幣一千萬元（約新台幣四千五百萬元）罰款。

三株公司不甘心，繼續上訴，最終才於一九九九年獲得勝訴。

官司雖然勝訴，但從該年四月開始，三株公司的銷售量卻急速下滑，工廠被迫停工，幾千名工人遭遣散，這個龐大帝國就在一夕間倒塌。

究其原因，在這一年的官司中，媒體紛紛指責三株公司不願承擔責任，使得民眾不再信任三株公司敬業、負責的形象。

一審結果後，更是雪上加霜，三株公司提出上訴，更加深了大家對它的負面印象。雖然官司最終勝訴，但三株的品牌信譽度卻被耗盡了。

雖然三株口服液並不是導致原告父親死亡的直接原因，但既然消費者已經被誤導，三株公司應該撤回產品、進行市場調查，積極挽救在民眾心目中的形象。

若三株集團當初先進行賠償、安撫家屬情緒，再由公關團隊出面解決問題，還自己一個清白，可能是更好的處理方式。不肯吃一個顧客的虧，導致失去整個市場，這就是典型的因小失大。

28. 適當地捨，才能得到更多

簡州有一位姓鄧的油商，大家叫他鄧老闆，他家的油因品質極佳而出名。

有天，太守邀請他一同下棋，這位太守是出名的貪得無厭。兩人素不相識，鄧老闆不懂太守怎麼會找上自己，但仍然赴約了。

下棋當日，鄧老闆來到太守府上，但太守卻不准他坐下，他只好站著陪太守下棋，一站就是一天。

回到家後，家人看他又餓又累，疑惑地問他到底發生什麼事，他說，太守不僅讓他站著下棋，而且每下一步棋，太守就命令他退到一邊，並且故意思考很久才落子，一整天也才下十幾個子而已。更慘的是，今日兩人還沒分出勝負，所以明日還得陪太守繼續下棋。

幾天過去，鄧老闆因此生了病。鄰居聽說這件事後，趕緊到府上看望鄧老闆，並明白告訴他太守就是想要佔便宜，不如就送他些油，給自己換個清靜。

第二天，鄧老闆立刻帶著幾十斤上好的油到太守府上，自此之後，太守再也沒有找他下過棋。

當我們遇到掌握權勢的人，若是為了不吃虧而與他硬碰硬，無法得到好結果，所以有時不妨放棄小利益，來獲得自身安穩。

巴爾札克（Honore de Balzac）在其小說《歐也妮．葛朗台》（*Eugénie Grandet*）中描寫一位吝嗇鬼葛朗台。他每天想著如何斂財，撿到別人的東西就占為己有，深怕別人拿走自己的東西。正因如此，他一生過得小心翼翼，無法敞開心胸與他人相處，不僅沒有朋友，與親人關係也非常不好。

對比現實中大家熟知的富豪比爾．蓋茲（Bill Gates），他總是不遺餘力的幫助有需要的人，且每年都會捐出大筆款項投入公益事業，甚至表示要在有生之年，將財產的百分之九十五捐出。

除此之外，他還成立了基金會，無償地將自己的財富與社會共享。

比爾．蓋茲的做法非但沒有讓他一貧如洗，反而讓財富與名聲越來越好，他就是一位懂得捨去部分利益，換來長久名聲的代表。

捨與得是相互依存的，不要把捨棄看作是吃虧，要知道，「捨不得」就是不捨也不得。一定要懂得在適當的時候捨棄，看清楚事物的根本，才能獲得更大的利益。

齊王劉肥是漢惠帝劉盈同父異母的哥哥。有日，劉肥特地去探望漢惠帝，惠帝高興地設宴招待。漢惠帝的母親呂后是出了名的心狠手辣，見到劉肥在宴席上坐主位，而身為皇帝的兒子竟然坐在一旁像個隨從，暗自生氣，就命人擺上兩杯毒酒給劉肥，意圖毒死他。

席間，劉肥起身敬酒，漢惠帝也端起另一杯毒酒回敬。眼看就要喝下，呂后一緊張，連忙假裝失手打翻酒杯。劉肥立刻意會到自己這杯也是毒酒，便趕緊找藉口離開宴席。

回到府上的劉肥知道呂后想要殺掉自己，雖然此次逃過一劫，但明白她絕對不會善罷干休，於是著急地找來手下商量對策。

手下向劉肥建議，送上一個郡給魯元公主，那麼身為公主生母的呂后可能會因為開心而放鬆警戒，就可趁她不注意時，回到自己的封地，方可保全性命。

劉肥雖捨不得讓出封地，可又別無他法，只好照做。呂后果然為此開心，決定放劉肥離開長安，他才保全了自己的性命。

劉肥共有七十多座城池，割除一座，對他並沒有太大的影響；若是他執意不送出這座城，最後被呂后殺死，那麼他的所有封地就會被瓜分，齊國也會徹底瓦解。劉肥手下出的這個主意，就是適當地捨棄以保全大局，權衡輕重、取捨得當，讓事情獲得解決。

29. 別光顧著眼前的利益

有人說：「吃虧就是佔便宜，做人要吃得了眼前虧。」這句話的意思不是讓我們傻傻地被人欺負，而是在遇到不公平時認真思考，在吃虧中學習、成長。

總有人為了眼前的小利，反而在最後吃了大虧。例如以下故事。

小常來自鄉下，畢業後進入都市，幸運地找到一個電話推銷的工作。

剛到都市時，因為生活費不多，長途電話費又貴，所以小常總是捨不得打電話回家。如今，來到電話銷售的公司，他心想，這下正好可以利用公司的電話打回家。

儘管這家公司明文規定，上班時不能撥打私人電話，小常卻還是經常違反規定。他覺得公司不會發現，如此不僅可以省下電話費，也可以假裝努力開發新客戶。比別人少做點事，卻多拿了錢，感覺賺到了。而面對同事的勸告，小常不僅不聽，還慫恿別人也這麼做。

有段時間小常被派去外地，他仍用公司電話撥打私人長途電話，被新單位部門經理發現了。經理沒有當面拆穿，而是私底下觀察兩周後，將這件事彙報給上層，小常立刻被開除了。

小常佔了電話費的便宜，到頭來卻丟了工作，而且給人留下愛佔小便宜的印象，之後也沒有公司願意再聘請他，這才是最大的損失。

又例如下面這則故事。王一揚是一位編輯，他工作的出版社人手不多，但是為了降低成本，老闆沒有再徵人的打算。

有次恰好碰上一個重要的大案子，編輯部的人被分派到發行部、業務部幫忙，雖然工作量變大，但是老闆並沒有發給額外工資。

於是，編輯部的人輪流向老闆抗議，表明不願意去其他部門幫忙。只有王一揚默默接受了上司的指派，到其他部門幫忙了一個月。

有位資深編輯見狀，就勸他：「你別埋頭讓他們欺負，沒多給薪水，何苦吃這個虧呢？」王一揚說：「沒事，吃虧就是佔便宜。」

兩年後，王一揚離開了出版社，自己成立了一家圖書公司，沒多久就經營得有聲有色。以前的同事前來祝賀，才知道原來他早有自己開公司的打算。那段支援其他部門的時間，他把出版、發行、銷售等流程都熟悉了，現在開公司才如此順利。就像他說的，從吃虧裡佔到了便宜。

在羨慕他的成功之餘，更應該借鑑他的智慧。他的成功說明，要學會把目光放遠，吃點眼前虧、失點眼前利，從而收穫讓我們長遠受益的東西。

春秋戰國時期，公子小白與哥哥公子糾爭奪王位，公子糾的師傅為了幫助他取得勝利，用箭射傷了公子小白。

爭奪王位之戰，最終由公子小白勝利，順利成為齊桓公的他，向前來求和的魯國要求交出這位射傷他的師傅。

師傅到達齊國後，齊桓公並沒有殺掉他，而是立刻任用他為宰相，其他人問起，齊桓公只說：「此人才華過人，現下治國需要人才，若是殺了他，可以得到復仇的快感；但重用他，卻能長久地為國家帶來好處。」師傅相當感激齊桓公的不殺之恩，從此效忠於他。

這位師傅就是名震春秋的管仲，他幫助齊桓公治國，使齊桓公成為春秋五霸之首。

管仲因為忠於主人，射傷齊桓公，而齊桓公早就看中了管仲的才華，只是苦於沒有機會讓他為自己效忠。齊桓公雖挨了一箭，可是並無大礙。若是處死管仲，頂多是報了個小仇；要是原諒管仲，他必定心存感恩，並對自己死心踏地。

當時論才華，無人能及管仲，所以寬容對待他，就是齊桓公著眼於大處所做出的決定。作為一位君王，至少要有此種智慧和氣魄。

做事分清楚大小，不要抓住小利益、小錯誤不放，將眼光放遠，是取得成功的必要因素。

創立著名電子品牌——愛國者的馮軍先生，他的生意之道就是「和別人比傻」。

創業初期，他跑到人稱中國矽谷的中關村，他有位老友在那裡混得不錯。馮軍找他商量，在友人的小屋裡擺張桌子，只佔三分之一的面積，但付二分之一的租金。

這個買賣表面上吃虧，實際上卻很划算，因為兩人相識，故租金比其他地方價格低廉，而友人覺得賺到多出來的出租費，也不會拒絕。由此看來，一時的讓步並非不划算。

馮軍成功後，有很多人向他請教成功的祕訣，他把「傻子理論」傳授給大家。他認為，把目光放長遠，就是通往成功的唯一途徑。

30. 學學孔子的智慧：3×8＝23？

生活中充滿是非，但其實大多微不足道。面對這些事，最忌諱不辨輕重，非要分個勝負，反而是自找麻煩，可能會把小事弄到不可收拾。

孔子的得意門生顏回，有日在街上看到兩個路人為了買賣而吵架，買家生氣地說：「三八二十三，為什麼收我二十四元？」顏回上前勸架：「是三八二十四，你算錯了，別吵了。」那人指著顏回的鼻子說：「你算老幾？我只聽孔夫子的，咱們找他評理去。」顏回問：「如果你錯了怎麼辦？」那人回答：「我把腦袋給你。那你錯了怎麼辦？」顏回說：「我就把我的帽子給你。」

於是，兩人一起去找孔子。孔子問明情況後，笑笑地對顏回說：「三八當然是二十三，你輸了，把帽子給他吧。」

顏回心想，老師一定是糊塗了。他雖然不情願，還是把帽子遞給了那人，那人拿了帽子高興地走了。

那人走後，孔子對顏回說：「你只是輸了一頂帽子；若他輸了，那可是一條人命。你仔細想想，是帽子重要，還是人命重要？」顏回恍然大悟，跪在孔子面前，恭敬地說：「老師將大義擺在前面，不在意小是小非的精神，學生佩服，也非常慚愧。」

三乘八的確是二十四，孔子卻故意說錯，因為他認為若顏回證明自己是正確的，只會害那人喪命，權衡之下，裝傻當然唯一解。孔子親身給顏回上了一課：面對是非要先分清大小，為了避免因小失大，不妨吃個虧，毋須介懷。又例如以下故事。

松下之亂中，燕國的先君被齊國俘虜，但國力薄弱的燕國無法報仇，只能委曲求全，服從齊國。

後來，齊國與宋國打仗，要求燕國派兵支援。燕王便派出自己的得意將領張魁，要他率領燕國軍隊幫忙齊國打仗。但不久便傳來消息，指齊王殺死了張魁。

聽到消息的燕王非常氣憤，想到自己對齊國百依百順，如今派兵幫忙打仗，齊國竟然殺死自己的使臣，一氣之下便決定攻打齊國。

大臣們得知此事後，其中一位名為凡繇（音同遙）的臣子，面見燕王說：「從前認為您賢明才跟隨您，看來是我錯了，請允許我辭官回家。」燕王不解地問道：「為什麼？」

凡繇回答：「以前先君被俘虜，但是我們仍然忍氣吞聲侍奉齊國。現在張魁被殺死，您因此要攻打齊國，這是把張魁看得比先君和國家還重要嗎？況且我們國力還不夠強大，勢必會失敗。」燕王知道他有想法，便趕緊詢問他該如何應對。

凡繇回答：「請大王派遣使臣到齊國，以客人的身分謝罪，就說：『齊王您是賢德的君主，不會亂殺人，一切都是因為我沒有慎重選擇使臣，請允許我更換使臣以謝罪。』」

凡繇的提議對君王來說是奇恥大辱，但無計可施之下燕王還是接受了，派遣新的使臣到齊國謝罪。齊王見燕王派來的使臣如此低聲下氣，心裡感到很爽快。

而後，齊王還派出一位卑賤的下人，命令燕王返回宮裡居住，以表示自己對燕王的寬恕。面對再次的羞辱，燕王還是忍耐下來，按照齊王的要求返回宮裡。

燕王忍辱負重，面對齊王的侮辱一再低頭，但私下默默廣納人才、養精蓄銳，努力發展燕國國力。不久，燕國國力逐漸強盛，得以出兵攻打齊國，才終於取得了勝利，一吐怨氣。

在國家的安危面前，燕王受到的侮辱自然是小事一樁，要是燕王一怒之下攻打齊國，恐怕早就亡國了，更沒有一雪前恥的機會。

讓我們來看看下一則故事。一九九四年，諾貝爾和平獎有兩位得主——一位是巴勒斯坦解放運動的領袖阿拉法特（Yasser Arafat），另一位是以色列外交部長佩雷斯（Shimon Peres）。

這兩位在政治主張上一向不和，彼此時常較量地位或角逐權力，互不服氣又格格不入，阿拉法特曾多次在公開場合諷刺佩雷斯的為人及其政治主張。

但是這兩位政治上的對手，卻在一九九三年的奧斯陸和平協議（Oslo Accord）上，為了處理阿拉伯、以色列和巴基斯坦間的問題相互合作。佩雷斯不計前嫌，毫無保留地同意阿拉法特的主張；阿拉法特也放下成見，主動與佩雷斯求同存異。

這三個國家間的衝突，一直是國際政治中最難調解的問題之一，這裡的人民都因此受苦。阿拉法特和佩雷斯為了中東的和平穩定，拋棄個人恩怨，為最後達成的歷史性協議做出了重要貢獻，因此，諾貝爾委員會決定授與他倆無上的榮譽。

面對生活中的各種是非，只要我們能分得清輕重，有時吃點虧反而會平息事端，讓自己不再受這些微不足道的小事困擾。

小道理大智慧

人要往遠看，過了山，眼界就開闊了。

——導演　王家衛

Section 08 懂得活用「割肉理論」，賺最多！

31. 「原價銷售」並不傻，放長線才能釣大魚

真正的智者，了解得失是一時的，他們將目光放遠，所以不計較一時的失利，有時甚至透過主動失利，爭取長遠的利益。

島村芳雄是日本東京島村產業公司的董事長，他年輕時曾在一家包裝材料廠工作。這份工作薪水微薄，那時的他雖然沒錢買東西，但經常在百貨公司閒逛，觀察其他人買了什麼商品。

一段時間後，他觀察到每個購物的人都會提一個紙袋，用來裝買到的物品。島村發現了這個商機，於是想要經營紙袋生意，苦思後，決定用「原價銷售法」開始做這門生意。

所謂原價銷售法，就是島村用五元向工廠買入麻繩，再以五元賣給紙袋加工廠，在買賣中，他一分不賺。

這一年，島村雖然沒有賺到錢，可名氣卻在業界傳開，大家都知道，一樣的品質的麻繩，他賣的最便宜。

在交易過程中，島村不僅沒有賺錢，還要自付搬運費和運送費，即將瀕臨破產的他，誠心向客戶說明自己的狀況，大家平時都非常相信他的為人，也願意體諒，便同意調升收購價至一條五．五元。而提供麻繩的廠家，也主動將賣價降低為一條四．五元。就這樣，島村開始有了收益，短短幾年就成為成功的商人。

如果我們把注意力集中在一時的得失上，就容易忽略真正有價值的東西，從而丟失長遠的利益。

筆者曾看過一個有趣的故事。有位吝嗇的商人借給一位漁夫五元，讓他搭船渡河回家，並約定好下次過來時還錢。但漁夫回去後，三天沒再進過城。商人擔心漁夫不還錢，就花五元搭船去找他。

第一次到漁夫家，發現家中沒人，商人只好坐船回去。但回到家後，商人始終覺得吃虧，不甘心錢白白送人。於是，隔日商人又再次去要錢。這次他剛好在家，商人終於討回五元，他高興地說：「終於把錢要回來了，要不就吃虧了。」

聽完這個故事，讀者一定覺得商人很傻，為了討回五元，而花了搭船費二十元，且還不算途中花費的時間和精力。他只在意失去的五塊錢，卻為此花費了更高的成本。若是商人利用要錢的時間去做生意，賺到的可不止區區五元。

看完故事，我們都明白不計較一時得失的道理了。無論何時，把眼界放大，把眼光放長遠，才是成大事需要的能力，也是人生的大智慧。

32. 你越貪心，我越成功

商業化的時代，競爭的最終目的就是盈利。那麼我們必須學習在競爭過程中計畫性地吃虧，以謀求長遠的利益。

有位老闆帶領一批科技團隊進行創業，但產品完成後，他卻遭到員工背叛。公司裡有八位掌握核心技術的員工想離開團隊，並打算帶走公司的商業機密。

創業初期的開銷很大，原本老闆的存款就已經不夠支付其他員工薪水，但是他竟從剩餘資金中拿出百分之九十當作離職金，送走了這八位員工。

剩下的員工無法理解老闆的做法，他卻只說：「再一陣子就會好的。」大家平日都相當信任老闆，所以也體諒他，繼續努力工作。

然而，那八個人用他給的離職金，開了一家新的公司，直接與原公司打對台。這下，剩餘的員工更煩惱了，但他卻一點也不著急，還是對大家說：「再等等吧，我保證一切都會好起來的。」

那八個人的生意非常順利，而老闆的公司則是埋頭於研發新技術。

半年後，新產品上市，老闆賺了很多錢；沒想到，那八個人的公司竟然破產了，於是，曾經被搶走的客戶也回到原公司，老闆大賺一筆。

大家都覺得老闆很幸運，本來吃了個悶虧，最後反倒賺了錢。老闆只是會心地笑說：「這全在我的意料之中。」

老闆告訴大家，當初創業艱難，原本很生氣遭到員工背叛，但冷靜思考後就明白，這些人是認為分紅太少。為了防止他們把技術帶到其他公司，所以給了那筆離職金，就是要讓他們自己開公司。

開了公司，就一定會用已經研發好的產品。他們會開拓市場，將產品推銷出去。此時，不該跟他們打對台，應致力於研究新產品、開發新市場，先從別的地方賺錢，並確保他們的市場越來越大。

就老闆所知，這八個員工中沒人學過管理，離職金只夠他們開公司，無法再聘請管理人才。如此一來，公司遲早會破產。一旦破產，他們開發的市場就會空出來，老闆的公司也有相同產品的庫存，正好可以佔據這個市場。

聽完老闆的分析，大家都佩服得五體投地，覺得他非常有智慧，在公司正艱難的時刻，仍然保有清楚的判斷力，能做出正確的決定。懂得捨近求遠，在適當的時機吃虧，謀得長遠福利。

成功的人都懂得如何利用吃虧扭轉局勢，就像以下的例子。

王陽和李啟東是大學同學，彼此相當熟悉，畢業後兩人各自創業。王陽的公司僅在五年內就小有名氣，但李啟東卻處處碰壁。

經過多次失敗，李啟東決定請王陽幫忙，王陽便邀請李啟東到自己公司工作。但是李啟東加入後，王陽馬上發現，他不僅無法勝任分內工作，對事情的判斷力也很差。

為了顧及老同學的面子，王陽委婉地告訴李啟東錯誤之處。誰知李啟東非常不爽，開始到處說王陽的壞話，還時不時在公司搞破壞，故意拖延工作進度。

王陽的祕書感到不平，強烈建議開除李啟東，王陽卻請祕書從他八十萬的戶頭，轉帳五十萬給李啟東，並用公司資源幫他創立一家公司。祕書無法理解，王陽卻說：「我是為了我自己。」祕書只好照做。

在王陽的幫助下，李啟東創立了自己的公司。李啟東不但不感激他，還變本加厲地逢人就炫耀：「我對他再壞，他都不敢對我怎樣，還出錢幫我開公司，你說他是不是個大傻瓜？」

李啟東不停詆毀王陽，但王陽的好名聲就這樣傳開了。大家聽到李啟東所說的，紛紛覺得王陽相當大度，被人如此對待，還能以德報怨，是個值得合作的夥伴。結果，許多客戶都改與王陽合作，李啟東再次失敗。

王陽的如意算盤打得很精明。留下三十萬是足夠自己擴大市場的資金，而給對方的五十萬則是怕給的太少，會讓對方堅持不了太久，無法替自己建立名聲，這樣的金額比例，也可以讓別人覺得他是真心對待朋友。

李啟東的缺陷他一清二楚，那些李啟東留不住的市場，遲早有天是自己的。這筆生意，從眼前看是吃了虧，放遠看是利用對方的弱點佔了個大便宜。

能吃虧的人是隱忍的人，會吃虧的人是睿智的人，而且往往能洞悉他人的弱點，利用對方的貪欲和缺陷成就自己的事業。碰到無禮或者想佔便宜的人，不妨就吃個眼前虧，有計畫地利用他們的弱點佔到長久的好處。

33. 笨蛋，我是故意讓你的！

美國實業家洛克斐勒（John Davison Rockefeller）在祕魯擁有一座大油田。這座油田讓他賺取大量財富，但最初開採時，曾因含碳量太高而被視為廢田。

當初，油田的主人四處尋求買家，但是一直沒有人願意碰這塊燙手山芋。就在此時，洛克斐勒表示願意將這塊油田買下。原本主人只是想把這個負擔脫手，但是看到這個大富豪購買意願這麼高，便貪心地抬高價格。

雖然油田主人一再保證這塊田有很高的價值，但一開始提煉出的油，因為品質不佳，價格始終無法提高；若要說唯一的優勢，只在於這裡的油量很多。後續董事會決議時，所有人一致否決買下油田的提案，特別是反對對方開出不合理的價格。

這確實是一個賠本買賣，對方故意哄抬價格，想趁機敲詐一筆。但是洛克斐勒不在意，只說：「無論對方出價多少，我都要買下這塊油田。」一面對洛克斐勒堅定的決心，董事會雖然最終被迫接受，但始終微詞不斷，大家都覺得這個決定非常糊塗。

事實證明，他的損失其實帶來了更大的利潤。買下油田後不到兩年，洛克斐勒就研究出提煉石油的新方法，不僅成本大幅下降，品質更是大幅提升，對比買下時的油價已經暴漲六倍。洛克斐勒也在這塊油田上建造世界上最大的煤油場，賺進大筆營利。

精明如洛克斐勒，不會看不出油田主人故意敲詐，但他早就知道可以研發新的開採方式，因為看得比其他人更長遠，知道這片油田是個寶庫，所以即使價格不合理，也當作是投資，因為真正的贏家，是要賺取更大的明天。

洛克斐勒的一生，處處充滿了這種賺取明天的智慧。例如他曾經用七・五億美元（約新台幣兩百三十億元）買下實際價值不到五萬美元（約新台幣一百五十萬元）的石油股權。

這次對方也故意哄抬價格，最後洛克斐勒毫不猶豫購得了美國第一口油井的股權。事實證明，石油就是吸金的無底洞，成就了這位全世界最富有的人。

與這位富豪做生意的人，總以為自己佔到便宜，其實洛克斐勒都知道他們的心態，只是透過主動讓利，來得到想要的東西，因為他很明白，最大的利益在後頭。

看得長遠，就能學會主動讓利，讓對方得眼下的好處，將長遠利益留給自己。

唐高祖李淵還沒當上皇帝前，在太原留守時經常受到突厥的進犯，他屢屢派兵出擊，卻幾乎全軍覆沒。所以突厥不僅一再攻打，還挑起叛亂，弄得太原不得安寧。

李淵的部下要求他率兵與突厥決一死戰，但李淵不僅不接受建議，還命人帶著金銀珠寶主動求和，低聲下氣地屈節稱臣。突厥見李淵主動示弱，認為李淵是真心臣服於自己，便不再挑起事端、派人監視他了。

幾年後，李淵的兒子——唐太宗李世民帶軍討伐突厥，大獲勝利。突厥為了求和，在唐太宗的命令下，不得已派出最尊貴的一位可汗，在大殿跳舞為李淵助興，遠沒有了當年的猖狂模樣。

李淵主動送給突厥錢財和土地，正是為了長遠打算。當時李淵的兵力不足以鬥垮突厥，需要養精蓄銳。既然突厥有意進犯，就讓他得到他想要的，用一時低頭換取和平，為自己爭取時間。

看待事情將眼光放遠，吃虧會成為一種策略，才不會因為眼下的損失而感到不平。應該把吃虧看成是對日後的投資，主動讓利，以賺取明天。

34. 活用「割肉理論」，自然發大財！

商人總是把利益放在第一位。因此，斤斤計較成了商人們做生意的原則。

但是，仔細計較的生意人，往往不容易成功；倒是那些懂得吃虧的人，生意蒸蒸日上。這是因為讓出的利益可以組織人脈、賺取名聲，同時拉攏顧客的心，有了這些最重要的隱性資產，才能帶來長久的利益。

眾所周知，世界上最大的零售商——沃爾瑪（Walmart Inc.）的成功，很大程度上是因為它主打低價策略。

比如沃爾瑪的女褲，進價每條〇．八美元（約新台幣二十五元），售價為一．二美元（約新台幣四十元），每條女褲只有〇．四美元的利潤（約新台幣十五元）。按照同行價格，應該為一．五美元（約新台幣五十元），整整比沃爾瑪多出〇．三美元（約新台幣十元）的利潤。但是由於沃爾瑪低廉的價格，吸引到更多顧客，實際賣貨量是普通市場的三到四倍，從而增加了三分之一的利潤。

實際上，沃爾瑪的創始人山姆．沃爾頓（Sam Walton）自一九四五年創立第一家零售連鎖店時，就是靠著薄利多銷賺取大量金錢。

薄利多銷就是沃爾瑪的經營策略，他們打出天天最低價的口號，將這間零售店的版圖延伸至全球。二〇〇六年，甚至在全球百大企業中排名第一。

一個生產效率高的企業，一定要學會讓利，才能提高市場競爭力。主動減少利潤收入，會讓顧客產生佔便宜的心理，時間一長，有了口碑，雪球就會越滾越大，得到更好的回報。

中國「百名致富能手」之一的李文鮮，是業內有名的長春花大王，他也是一個透過讓利求生存、懂得細水長流的好例子。

一九八二年，第一屆長春花展，李文鮮到展場賣花，一開始價格都是一株人民幣二．五元（約新台幣十二元）。四天後，李文鮮把價格降低了一半，這樣的賣價再減去進貨和攤位費，幾乎沒有利潤，大家都說他是個傻子。

一位記者知道了這件事，便問他為何這樣做，他說：「我想給顧客一個合理的利潤空間。」記者覺得他的想法很特別，特別為他寫了一篇文章，結果報導傳開後，想跟這位傻老闆做生意的人紛紛湧上，李文鮮的生意開始越做越大。

每次發貨時，李文鮮都會多送一點給客戶，他說這是「割肉理論」：若我們上街買了兩斤肉，回家一秤正好兩斤，不會有什麼感覺；但是若發現多給了一兩，一定會覺得賺到了，下次照樣去那家買；又若是發現少了一兩，下次肯定不會再光顧了。

李文鮮就是利用顧客這種佔便宜的心理增加生意，長久下來顧客漸漸變多，大部分的人成為固定客群，利潤反而比高價的時候更多。

做生意，利益很重要，但更該注意的是做得長久，想要生意興隆，就要學會讓利的生存之道。現實生活中，能夠主動吃虧的商家畢竟佔少數，大多數商人很精明，一點虧都不願意吃，最後聰明反被聰明誤，生意一塌糊塗。

人很難拒絕擺在面前的利益，只有擁有長遠眼光的人，才能捨棄眼前的小利益，換取長久的未來。主動吃虧，就會獲得顧客、員工的信任，有了忠誠度，長期合作也就成了必然。

有位做水泥的老闆生意非常好。這位老闆沒有背景，學歷也不高，唯一的祕訣就是絕不多賺客戶的錢，凡是與他合作過的人，都非常滿意，還會介紹給其他朋友。雖然利潤不高，但是客戶變多，時間長了，反而成為賺最多的人，生意也比同行穩定許多。

與這老闆有著相似生意經的，是前章提到的愛國者董事長馮軍。

馮軍有個外號叫「馮五塊」，就是無論什麼東西，都只賺五塊。乍聽起來有點荒唐，小東西可以少賺一點，但大東西不就相當於賠本嗎？但就是這個荒唐的五塊錢賺法，讓馮軍成為中關村第一個被批准的獨資企業，絡繹不絕的客戶就是他最大的利潤。

不管是什麼生意，馮軍始終保持著讓利的作風，無論是對手還是朋友。長久下來，這種做法成為他成功的墊腳石，成就了一段傳奇的創業經歷。

無論是薄利多銷，還是細水長流，都要先學會吃虧，在這之中尋找商機，構築人脈，等待時間慢慢把它變成福氣以及成功的基石。

35. 賺錢之前，先學會賠錢

人們常說：「千做萬做，虧本的生意不做。」但在商場難免吃虧，一毛不拔未必能賺錢。想要讓生意長久獲利，就要學會在適當之時主動吃點虧，賺錢的買賣從賠本開始，這也是一種策略。

上海有家海鮮店，老闆是個廣東人，剛開店時正是這一行最不景氣的時候，加上上海餐飲業競爭十分激烈，投資風險很大，身邊的親友紛紛勸他別冒這個險，但他仍然堅持夢想，相信即使困難，總會有辦法。開業後生意意外地興隆，顧客絡繹不絕，不到一年就拓展了四家分店。大家很好奇，同業們不是轉行就是倒閉，為何他能做的這麼好？

原來，這家店打出口號：「吃一百，送一百；吃一千，送一千，吃多少送多少，絕不欺騙。」剛開始大家都不相信，特地去試試，結果吃一百元，真的送了一百元禮券，可以在附近的賣場換到同等價值的商品。有個顧客吃了三千多，竟然從賣場抱了一台電視回家。

以往商店推出的買一百送一百，會規定滿千元才能折抵一百元，說穿了，就是打九折。但這家店卻真的送出一百元禮券，顧客們雖然不理解，但還是抱著撿便宜的心態往店裡跑，生意自然源源不絕。

這個生意怎麼看都是虧本，怎麼還能加開連鎖店呢？其實，一開始確實是賠本的，但是時間一長，很多商場開始和老闆合作。

商場方指定的兌換商品，大多數是過剩商品或者即期品，可以消耗庫存；而老闆則能用低廉的價格，從商場購得海鮮賣給顧客；顧客們覺得不僅海鮮便宜，還可以得到禮券，自然不會挑剔，是筆三方獲利的好生意。海鮮生意利潤很高，老闆只要撥出三分之一利潤，就可以滿足這種消費循環。

最初的賠本，是為了打開市場、提高自己的競爭力，等到一切條件都具備後，虧掉的都會賺回來，生意就會越來越好。

萬事起頭難，若沒有人脈與客源，不妨主動吃虧，等自己擁有立足之地，站穩了腳跟，再賺也不遲。

美國美孚石油公司（Mobil）出產煤油燈，剛開始發展中國市場時，人們還沒有使用煤油燈的習慣，即使美孚使出渾身解數推銷，依然沒有什麼效果。後來，美孚推出一個方案：購買兩斤煤油，就免費贈送一盞煤油燈。

美孚贈送的煤油燈非常精美，價格絕對超過煤油，民眾認為，花一樣的錢卻能多拿一盞煤油燈，非常划算，於是爭相購買。

贈送活動持續了一年，美孚在這年沒有營利，共送出八十萬盞煤油燈。一年後，贈送活動停止，卻有很多家庭已經有了使用煤油燈的習慣，繼續添購煤油。就這樣，美孚打開了上海市場，為未來煤油全面引進中國奠定了基礎。

買油送燈，在消費者看來，是打著燈籠也找不到的好事。買了煤油，又有煤油燈，大家就會建立起習慣。這樣的做法看起來賠本，但實際上是利用這八十萬盞虧出去的燈，建立起客源。

大家都說不做賠本的買賣，但是在市場競爭越來越激烈的今天，聰明的商人知道從吃眼前虧開始，降低門檻來招攬生意，巧妙運用賠本，為自己攢足資本，是很精明的策略。

前面的例子聽起來離我們比較遙遠，廣東老闆和美孚公司都是資本充足的人，但以下這個民間的小故事，也能說明欲取先給的道理。

有個小媳婦剛嫁到夫家，丈夫便過世了。沒有固定收入的她，日子過得很艱苦，便想學習刺繡來養家糊口，她因買不起針線，也沒有錢找老師，而感到非常苦惱。

幾經思考，這個小媳婦決定憑著從前針線活的底子，替要出嫁的新娘免費繡花。而且不僅免費，還可以無限次修改。她只有一個要求，顧客得自行提供針線材料。

不久後，村裡有婚嫁需求的都找她幫忙。雖然一開始手藝不好，但由於是免費服務，又可以修改，人們也就沒有怨言。

幾年後，她練就了一手極好的手藝，在鄉里間也小有名氣，於是決定結束這項免費服務。她開始收取費用，而曾經找她幫忙的人知道她家的情況，都相當體諒。甚至有時她收得少，客人還主動多給一點。

小媳婦的繡花生意越做越大，收費漸漸高過城裡的價格。但是來拜託的人仍然絡繹不絕，因為經過這幾年的訓練，她的服務和手藝已是最優秀的，大家覺得相當值得。

這就是典型的先賠後賺，雖然市場大小有差，但和美孚的做法如出一輸。在職業生涯剛開始或處於低谷時，主動以低於市場價格的方式提供服務。過程中，可以累積自己的資源、技術或其他相關資本，以贏得日後長遠的發展。

做生意就是為了賺錢，能做賠本買賣的人都了解這個道理，所以他們能看得更長遠，知道損己—利彼—利己的道理。**主動做賠本買賣，是一個賺取隱性資本的過程，等到時機成熟，隱性資本就會爆發出來，帶來源源不斷的好處。**

這是欲取先予的智慧、捨近求遠的策略，這樣看來，吃虧就是福氣。

36. 原來最簡單的投資就是……

凡事想要收穫，就必須先付出，所有人都明白這個道理。

王樹經營一家販售自動清潔機的公司。曾經有家飯店訂購一台清潔機，發貨後一個禮拜，突然要求退貨，直指機器在運送過程中壞掉了。王樹立即派人去調查，卻發現真正原因是對方在組裝的過程中，因操作不當造成機器損壞。

這本不該由王樹承擔責任，但他卻什麼也沒說，馬上找來維修人員，不僅負擔了全部的費用，修好後還親自將機器送回飯店。

表面上，王樹吃了個悶虧。誰知不久之後，這家飯店又找上了他，這次不是找麻煩，而是一下子預訂了十台清潔機，讓他大賺一筆。

王樹的做法贏得客戶的信任及好感，既通情達理又能忍讓，大家都樂於與他做生意。若當時執意計較，也就不會有後來大筆的訂單。看起來一時吃了虧，可是卻把麻煩的客戶變成長期合作夥伴。

吃點小虧，才能贏取客戶的信任。市場中不僅客源重要，口碑更加重要，好的名聲一傳十、十傳百，形成巨大的潛在利益，總有一天會獲得好的收益。

讓我們來看看以下兩個例子，可以更了解吃虧投資法。

趙經理管理一間汽車修配廠，有次有個大型機械出了問題，檢查後發現，是機器裡的一個小零件磨損了。這種零件很難買到，但若是沒有，機器就無法運作，而每停工一天，工廠就會損失很多錢，於是趙經理著急地向長期提供零件的李老闆求助。

雖然李老闆的公司並沒有生產這個零件，但聽到老客戶的要求仍馬上答應，並在兩天之後就把這個零件送到。

後來趙經理才得知，這個零件在國內少之又少，李老闆接到電話後，馬上聯繫了所有認識的製造工廠，一打聽到外地有貨，連夜訂了機票飛過去。

但趕過去後發現只是相似的零件，不是趙經理所要的。所以李老闆又四處打聽，終於在第二天聯絡到一家有貨的配件廠。李老闆下飛機後馬上取了零件，幫趙經理送去。

趙經理需要的小零件價值幾千元，但李老闆卻為此奔波，自己花費好幾倍的錢替趙經理找到，只因李老闆認為，有責任完成老客戶的需求。趙經理十分感動，將此事上呈高層，之後，其他的分廠也紛紛向李老闆下單，李老闆生意越來越興隆。

李老闆做的事，看起來是吃虧，但是聰明人都知道，這是一種投資，替自己的名聲投資，也是拓展市場的一部分，它會替你帶來潛在的客源。再來看看以下這個故事。

斯米爾諾夫酒廠（Smirnoff）是一九八〇年代伏特加領域的市場霸主，然而它也曾經在一九六〇年代遭受過打擊。

這間酒廠的對手——沃爾夫施密特酒廠（Wolfschmidt）使用降價策略，讓自己出產的伏特加，每瓶硬是比斯米爾諾夫酒廠便宜一美元（約新台幣三十元）。這招立即奏效，斯米爾諾夫的市場被佔去一半。

當大家都推測斯米爾諾夫酒廠一定會用降價的方法阻止對手進攻時，它不僅沒有降價，甚至又將價格調升了一美元。消費者當然不買帳，公司立刻損失大量的利潤。

就在大家摸不透它的行銷策略時，斯米爾諾夫推出了兩款新產品，一款價格與沃爾夫施密特一樣，另一款則比它便宜。

這兩款商品上市後，人們立即回頭購買斯米爾諾夫的產品，於是很快就搶回了先前失去的市場。一九八二年，斯米爾諾夫酒廠以七百三十三萬箱的銷售量稱霸市場，是對手的六倍。

道理其實很簡單，按照當時的情況，如果不降價，的確會失去利潤，但如果降價，只會捲入一場無休止的價格戰，品質自然會下降。在對手降價時反而漲價，即使銷量大減也在所不惜，是變相向大家宣示：我賣的伏特加因為更加優質，所以才價格昂貴。

表面上看起來是吃虧，實際上是透過這種方式建立了品牌形象，讓消費者有了斯米爾諾夫更優質的品牌認知。之後消費者遇到價格一樣的伏特加時，自然而然會選擇品牌印象更好的那一個，斯米爾諾夫酒廠就是用這種方法，保住了市場龍頭的地位。

這就是典型的把吃虧當作投資，會吃虧、知道在什麼時候吃虧、吃什麼樣的虧，是一種智慧。在利潤面前，選擇了更為重要的品牌信譽，才是斯米爾諾夫發展的長久之計。

現實生活中，很多人看不清這一點，不肯吃一點小虧，反而失去了更重要的資本。認清什麼是重要的，知道吃虧是一種投資，才能獲得更多。

小道理大智慧

欲速則不達，見小利則大事不成。

——《論語》

智慧小測驗

懂得將目光放在更長遠之處，就不會在意眼前小利。聰明的你學會權衡得失了嗎？那麼遇到以下的情況，一定知道該如何選擇，來測試一下吧！

1

Q 同事總是要你「順手」替他做他分內的事情，該怎麼辦呢？

A 直接拒絕，自己的事自己做。

B 答應之後擺爛。

C 接下工作，並且認真做，將他會的東西都學起來，成為自己的知識。

2

Q 鄰居不小心將你家的牆鑿了一個洞，此時該如何處理？

A 不管三七二十一，先發一頓大脾氣再說。

B 先冷靜下來，仔細思考處理方式。

C 馬上向其他鄰居哭訴。

3

Q 上班時搭乘電梯，但都沒有人要幫忙按開關門按鈕，該怎麼辦？

A 馬上負責幫大家按按鈕，讓大家方便出入。

B 大家都不按，出電梯時都被夾到。

C 叫其他人去按，自己默默站在最後面。

4

Q 吃飯時，朋友總是夾你碗裡的菜，該怎麼做？

A 與他分享，兩人都能吃到更多不同的菜色。

B 大聲喝斥，不准他再搶你的東西。

C 自己默默生氣，以後再也不與他往來。

5

Q 咖啡廳裡，有位客人大聲嚷嚷，該怎麼做？

A 講得比他還大聲，蓋過他的聲音。

B 直接上前請他閉嘴。

C 遞上一張關心他喉嚨的紙條，讓他意識到錯誤。

6

Q 當老闆講錯話時，應該如何處理？

A 大聲指出老闆的錯誤。

B 私下委婉地替老闆指出錯誤。

C 與同事們一起嘲笑老闆。

7

Q 發現鄰居總是偷用我家的 Wifi，此時應該？

A 與他分享，鄰居也會因此感激，相處更加和睦。

B 設定密碼，再也不讓他登入。

C 直接上門跟他吵架，並要求賠償。

正確答案：C・B・A・A・C・B・A

國家圖書館出版品預行編目（CIP）資料

科學證實 懂吃虧的人贏最多：適當的忍耐並不是懦弱，而是為了成就更大的目標！／張濤著. -- 新北市：大樂文化，2019.06
224 面；14.8×21公分

ISBN 978-957-8710-23-8（平裝）
1. 人際關係 2. 生活指導

177.3 108007245

UB 046

科學證實 懂吃虧的人贏最多

適當的忍耐並不是懦弱，而是為了成就更大的目標！

作　　者／張　濤
封面設計／蕭壽佳
內頁排版／顏麟驊
責任編輯／高丞嫻
主　　編／林宥彤
發行專員／劉怡安、王薇捷
會計經理／陳碧蘭
發行經理／高世權、呂和儒
總編輯、總經理／蔡連壽

出 版 者／大樂文化有限公司
地址：新北市板橋區文化路一段 268 號 18 樓之1
電話：（02）2258-3656
傳真：（02）2258-3660
詢問購書相關資訊請洽：2258-3656
郵政劃撥帳號／50211045　戶名／大樂文化有限公司

香港發行／豐達出版發行有限公司
地址：香港柴灣永泰道 70 號柴灣工業城 2 期 1805 室
電話：852-2172 6513　傳真：852-2172 4355

法律顧問／第一國際法律事務所余淑杏律師
印　　刷／科億印刷股份有限公司

出版日期／2019 年 6 月 24 日
定　　價／260 元（缺頁或損毀的書，請寄回更換）
I S B N　978-957-8710-23-8

版權所有，侵害必究 All rights reserved.

原簡體中文版：吃虧心理學
張濤 著
Copyright ©2018 by 天地出版社
本著作中文繁體字版經四川天地出版社有限公司授予台灣大樂文化有限公司獨家出版發行，非經書面同意，不得以任何形式，任意重製轉載。